올해 만날 50 천사

ANSELM GRÜN
50 ENGEL FÜR DAS JAHR
Ein Inspirationsbuch

© 1997 Verlag Herder GmbH, Freiburg im Breisgau
All rights reserved.

Translated by SEO Myeong-Ok
Korean translation copyright © 2000 by Benedict Press, Waegwan.
Korean translation rights arranged with Verlag Herder GmbH.

올해 만날 50 천사

2000년 1월 초판 1쇄
2009년 8월 초판 6쇄
2024년 10월 24일 신판 1쇄

지은이	안셀름 그륀
옮긴이	서명옥
펴낸이	박현동
펴낸곳	성 베네딕도회 왜관수도원 ⓒ 분도출판사
찍은곳	분도인쇄소

등록	1962년 5월 7일 라15호
주소	04606 서울 중구 장충단로 188 분도빌딩(분도출판사 편집부)
	39889 경북 칠곡군 왜관읍 관문로 61(분도인쇄소)
전화	02-2266-3605(분도출판사) · 054-970-2400(분도인쇄소)
팩스	02-2271-3605(분도출판사) · 054-971-0179(분도인쇄소)
홈페이지	www.bundobook.co.kr

ISBN   978-89-419-2416-6   03230

이 책의 한국어판 저작권은 Verlag Herder GmbH와 독점 계약한 분도출판사에 있습니다.
저작권법에 의해 한국 내에서 보호를 받는 저작물이므로 무단 전재와 무단 복제를 금합니다.

이 책의 본문 종이는 FSC® 인증을 받은 친환경 용지를 사용했습니다.

올해 만날 50천사

안셀름 그륀

서명옥 옮김

분도출판사

| 차례 |

들어가며   7

1 사랑 천사   13
2 화해 천사   18
3 호방 천사   23
4 보존 천사   26
5 출발 천사   30
6 공동체 천사   34
7 방념 천사   39
8 열정 천사   44
9 진실 천사   48
10 감사 천사   52
11 포기 천사   57
12 모험 천사   60
13 확신 천사   64
14 고독 천사   68
15 자매 천사   72
16 내맡김 천사   76

17	따뜻함 천사	80
18	용기 천사	84
19	인내 천사	88
20	가벼움 천사	92
21	열림 천사	96
22	냉철 천사	100
23	용서 천사	103
24	자유 천사	107
25	이별 천사	111
26	슬픔 천사	115
27	변화 천사	119
28	감격 천사	123
29	치유 천사	127
30	신의 천사	130
31	다정 천사	134
32	명랑 천사	137
33	투신 천사	140
34	조화 천사	144
35	투명 천사	148
36	느림 천사	152
37	물러섬 천사	156
38	조심 천사	160
39	온화 천사	164
40	겸손 천사	169
41	성취 천사	173

42	끈기 천사	177
43	신뢰 천사	181
44	자비 천사	186
45	위로 천사	190
46	현명 천사	194
47	경외 천사	198
48	이해 천사	203
49	어둠 천사	207
50	고요 천사	210

참고 문헌   215

들어가며

　　한 젊은 여인이 송년회를 즐기고 있다. 샴페인과 폭죽이나 터뜨릴 게 아니라 의식적으로 새해를 맞이하자는 모임이다. 누군가가 쪽지 50장에다 하나씩 올해 만날 천사를 적어서, 참석자마다 다가오는 해의 천사 하나를 뽑도록 권했다. 우리 삶에 새겨져야 할 자세 50가지가 쪽지마다 씌어 있다. 물론 50가지 모두가 한꺼번에 내 삶을 결정할 수 있는 것은 아니다. 그러나 내가 한 해 동안 내내 한 가지 자세를 익힌다면, 그것은 내 삶에 두루 영향을 미칠 것이고, 그렇게 되면 무엇인가가 내 안에서 새로워질 것이다. 하나의 자세란 불안정한 우리 삶의 한가운데 어떤 발판을 마련하고자 하는 것이다. 그것은 우리가 이전에 덕德이라고 불렀던 것과 상응한다. 덕(Tugend)이라는 말은 '쓸모 있다'(taugen)라는 말에서 나왔다. 우리가 하나의 덕을 습득하면 우리의 삶은 쓸모 있게 되고, 그러면 그 삶은 성공적인 것이 될 수 있을 것이다. 라틴어로는 덕을 '비르투스'virtus라고 하는데, 한 사람의 삶 속에 존재하는 힘과 단단함을 동시에 의미한다. 덕 안에는 우리 삶을 변형시킬 수 있는 힘이 들어 있다. 그리스인들에게 '덕'(arete)이란 기품 있는 교양인의 특성이었다.

　이 자세들이 천사들과 짝을 지었다. 마침 오늘날 천사들이 새로이 유행하는 양상이다. 수십 세기 동안 신학에서 — 일반 의식에서도 — 오히려 눈에 띄지 않게 명맥을 이어 온 천사들이 오늘날 수많은 책에서 새삼 존중받고 있다. 성서에서는 천사들이 하느님의 심부름꾼으로 나타난다. 그들은 우리를 돕고 치유하시는 하느님이 가까이 계심을 알린다. 그들이 독립적 존재인지 아니면 사랑과 위로를 베푸시는 하느님의 상징에 불과한지는 분명치 않다. 확실한 것은 천사란 인간들을 위한 어떤 다른, 더 깊은 진실의 사절이라는 것이다. 천사라고 하면 우리에게 얼른 연상되는 것은 값비싼 그림들이거나 아니면 안전하고 즐거우며 아름다움과 희망이 가득한 어떤 다른 세계를 동경하는 상상들이지만, 더 깊은 진실은 천사란 우리들의 삶이 '더' 깊이 있는 것임을, 그 삶이 어떤 다른 것을 가리키고 있음을 나타내 보이는 존재라는 것이다. 천사는 우리 스스로에게서 비롯될 수 없는, 도움과 치유를 향한 깊고 지속적인 동경의 상징이다. 천사들이 오늘날 새로이 '다가온다'는 것은 희망의 표현이다. 우리의 삶이 정말 헛되지는 않고 행복한 삶이 될 수 있으리라고, 우리는 결국 우리의 본래 목표에 도달할 수 있으리라고 말해 주는 것이다. 천사는 영적인 길의 동반자다. 우리 개개인 안에 감추어져 있는 깊은 동경과 접촉하도록 우리를 이끈다. 천사는 영감靈感의 샘이다. 그래서 우리 마음속의 그러한 동경과 합치하는 어떤 다른, 더 위대한 삶이 그때에 우리 안으로 불어넣어지는 것이다.

하느님은 인간을 보호하기 위해 당신 천사를 보내신다. 수호천사에게 드리는 기도는 유치원 시절부터 우리에게 익어 있다. 많은 이가 수호천사 상像을 떼어 버렸지만, 그런데도 다행스레 자동차 사고를 면하게 될라치면, 선량한 수호천사가 나타나 보호해 주었다고 믿는다. 우리를 보호하는 분이 하느님인지 아니면 그분이 우리를 보호하라고 보내신 천사인지는 그리 중요하지 않다. 상징은 특유의 힘이 있다. 그런 까닭에 우리는 하느님의 도우심을 묘사하기 위해 상징 언어를 자신 있게 사용할 수 있다. 우리 곁에 있어 주는 것이 천사들이다. 곁에서 우리를 지켜 주는 것들이 천사들이다. 우리가 어느 길로 가야 할지를 꿈속에서 알려 주는 것이 천사들이다.

천사는 길동무다. 언젠가 라파엘 천사가 어린 토비아에게 나타나 안전하게 목표지로 이끌어 준 것과 같이, 우리에게 길을 가리켜 보인다. 하느님은 당신 천사를 보내어 베드로를 감옥에서 풀려나게 하시고, 올리브산 위의 예수께 힘을 북돋아 주셨다. 천사는 종종, 우리가 이해하지 못하는 것을 설명해 주기도 한다. 한 천사는 마리아에게 무슨 일이 일어날지를 알려 주었다. 또 요셉의 꿈속에 나타나서 약혼녀 마리아에게 무슨 일이 일어날지를 밝혀 주었다. 천사는 오늘날 다시 특별한 대우를 받게 되었다. 릴케는 몇 번이고 거듭, 우리 삶 속에 들어선 천사들에 관해 말한다. 현대 예술가들도 천사상을 즐겨 그린다. 클레Paul Klee는 만년의 작품에서 자주 천사를 묘사한다. 1920년에는 저 유명한 「새 천사」Angelus Novus를 그렸다. 샤갈Marc Chagall은 「낙원의 천사」를, 달리Salvador Dali는 「천사」를, 펠거Andreas Felger는 「축복하는 천사」를, 그리스하버HAP Grieshaber는 「역사의 천사」를 그렸다. 대중가요에도 천사가 등장한다. 클뤼버Bernd Clüver는 「천사만 꿈꾸는 게 아녜요」라는 노래를 부르고, 베르딩Juliane Werding은 「천사를 위한 시간」이라는 이름이 붙은 음반을 내놓았다. 이렇게 오늘날 많은 사람들이 보호와 안전, 아름다움과 희망과 즐거움에 관한 표상을 천사와 관련시키고 있다.

성서는 천사를 좀 다르게 알고 있다. 천사들은 하느님의 얼굴을 본다. 예수께서도 분명히 그렇게 말씀하신다. "여러분은 이 작은 이들 가운데 하나라도 업신여기지 않도록 주의하시오. 사실 여러분에게 말하거니와, 하늘에서 그들의 천사들이 하늘에 계신 내 아버지의 얼굴을 항상 보고 있습니다"(마태 18,10). 성 베네딕도는 수도자들이 천사들을 바라보면서 하느님을 시편으로 노래한다고 확신했다. 수도자 자신들만 노래하는 것이 아니다. 천사들이 둘러서서, 자신들이 부르는 찬미가 위로 하늘을 열어 주며, 그들의 기도를 하느님 앞에 들고 올라가는 것이다. 천사들은 그들의 기도가 헛되지 않다는 희망과 신뢰를 주고 있다. 우리가 기도할 때에도 천사들이 우리 둘레에서 하늘과 땅을 결합하며, 우리만 홀로 여기서 애쓰고 있는 것이 아니라 기도 가운데 하느님을 체험할 수 있으리라는 것을 보증해 준다. 천사들은 우리에게 말한다. "하느님은 가까이 계시며, 그대는 그분의 온전하고 사랑 가득한 현존에 잠겨 있다."

천사들이 특정한 태도들에 상응한다는 표상은 오늘날 핀드혼Findhorn 공동체에 의해 다시 주목받고 있다. 이 공동체 안에 사는 사람들은 우리가 천사들과 서로 의사소통을 할 수 있고, 천사들이 우리 자신과 우리의 변화 가능성에 관해 무엇인가를 말해 주며, 우리에게 어떤 견고한 발판을 제공하여 새로운 태도를 맡긴다는 뚜렷한 확신을 가지고 있다. 이 책에 소개된 '올해 만날 50 천사'는 실제로 그러한 경향을 띠고 있다. 그들은 우리 태도 안에 들어와 우리 삶에 선을 베풀고 있는 것이다.

천사들은 우리가 분망한 일상 가운데서 잊고 있거나 등한시하고 있던 그 무엇을 우리 안에서 불러내고자 한다. 한 해 동안 신의 천사나 다정 천사가 나를 동반한다는 것, 하느님께서 신의와 다정함의 신비로 나를 이끌어 줄 천사 하나를 보내신다는 것을 상상하는 일은 얼마나 아름다운 모습인가. 올해 만날 50 천사는 우리 인생의 길동무들이며, 우리가 목적 없이 살지는 않고 우리 삶의 목표에 도달할 수 있으리라는 희망을 주는 사자들이다. 이 50가지 자세 안에 우리 삶을 쇄신하여 더욱 '본디 모습'에 맞

들어가며 11

게 가꾸어 갈 수 있는 잠재력이 묘사되고 있다. 즉, 우리가 어떤 모습으로 살아갈 수 있으며 또 어떻게 살아야 하는지 묘사되는 것이다. 바로 그러한 변화에 대한 잠재력들이 천사의 모습을 통해 우리와 마주해 있다. 두말할 나위도 없이 이것은 이 자세들이 결코 우리 자신의 노력이나 공적의 표현이 아니라 선물이고 은총이며 우리를 격려하는 지혜임을 의미한다.

 송년 파티에서 모두들 하나씩 천사를 뽑았다. 그때 다가오는 새해에 자신에게 필요하고 유익한 천사를 제대로 뽑았다고 믿고 든든하게 여겼다. 우리는 생일이나 영명 축일을 맞은 남자친구나 여자친구에게 한 천사를 기원해 줄 수도 있을 것이다. 각 천사들에 대해 나에게 떠올랐던 생각들이 이때 도움이 될 수 있을 것이다. 우리의 덕담이 구체적인 형태로 나타나도록, 여느 축하 카드에 으레 쓰이는 빈말들에나 그치지 않도록. 또한 그대 자신을 위해서도 한 천사를 찾아낼 수 있을 것이다. 다음 주나 다음 달, 다음 해에 그대를 동반할 천사를.

 그대에게 직접 말을 걸 천사, 바로 지금 그대에게 잘해 줄 것이라고 그대가 믿는 천사를 찾으라. 그리고 내킨다면, 역시 천사와 함께 살고 있는 다른 아는 사람들과 더불어 경험을 교환할 수도 있을 것이다. 그대의 천사는 무엇을 가르쳐 주던가? 그대는 그 천사와 함께 무슨 체험들을 했는가? 무엇이 그대에게서 새로이 시작되었는가? 어디서 무엇인가가 움직이게 되었던가? 그대 안에서는 무엇이 꽃피었는가?

1

사랑 천사

사랑이란 하도 진부한 말이라서 나로서는 50 천사의 첫머리에 두기가 거의 쑥스러운 노릇이다. 유행가들은 사랑을 노래하고, 온갖 것이 사랑을 맴돈다. 게다가 흔히들 사랑을 말하면 곧장 성생활의 이행을 연상하기 일쑤다. 그러나 사랑이라는 말이 부끄러운 것일 수 있음에도 불구하고 무릇 누구나 가슴 밑바닥에는 사랑에 대한 동경이 자리해 있다. 사람은 다른 이로부터 무조건 사랑받기를 갈망한다. 다른 이를 사랑하게 되고 그 사람이 자기 사랑에 응답해 오면 기뻐한다. 그렇게 되면 그의 안에 있는 무엇인가가 꽃피고, 그의 얼굴은 갑자기 환하게 기쁨의 빛을 발한다. 자신이 남자친구 또는 여자친구에게 무조건 받아들여져 사랑받고 있음을 아는 것이다. 사랑은 — 동화가 말해 주듯이 — 돌이 되어 버린 사람을 되살아나게 할 수 있다. 사랑은 동물을 다시 인간으로 만들 수도 있다. 또 어떤 욕망에 사로잡혀 있던 사람, — 동화의 동물들이 나타내듯이 — 마녀나 적들의 계획에 의해 마법에 걸린 사람을 다시 아름다운 왕자나 공주로 변화시킬 수도 있다. 사랑스럽고 함께 있고 싶으며, 행복하게 살면서 행복을 이루어 낼 수 있는 왕자나 공주들로.

　내가 나 또는 그대에게 사랑 천사를 원한다면, 그것은 그대가 다른 사람에게 사랑받기를 또는 그대가 한 남자나 여자를 사랑하기를 바라서만은 아니다. 사랑은 연모 이상의 것이다. 내게 사랑은 어떤 독특한 속성이다. 내 방 안에는 니콜라우스 성인의 이콘이 하나 걸려 있는데, 그것을 바라볼 때면 나는 이 성인이 온전한 사랑 안에 있음을 감지하게 된다. 그는 오롯하게 사랑의 빛을 발하고 있다. 한 여인에게 반한 것이 아니다. 예수 그리스도께 반한 것 같지도 않다. 그런데도 철저히 사랑으로 가득 차 있으며, 온 존재로 사랑을 발산하고 있다. 그것은 사람이 단지 어떤 남자친구나 여자친구만을 사랑할 수 있는 것이 아니라, 바로 자기 자신이 사랑이 될 수 있다는 인간의 근원적 동경을 말하고 있는 것이다. 사랑이 된 사람은 주변의 모두를 사랑한다. 만나는 사람마다를 가득한 사랑으로 대하며, 그 사람에게서 내면의 삶을 이끌어 낸다. 온갖 초목을 접할 때도 경외와 사랑의 마음이 가득하다. 탈무드의 표상처럼, 하느님이 풀포기마다 천사를 붙여 주셔서 그것들이 자라날 수 있게 해 주셨음을 알고 있는 것이다. 그는 사랑이 가득 찬 눈빛으로 지는 해를 바라본다. 자신이 하느님께 사랑받고 있음을 느끼며, 그리하여 그분의 사랑이 그의 전체를 꿰뚫고 흘러나온다. 그가 행하는 모든 것에 그 사랑이 새겨져 있다. 일도 사랑으로 한다. 그가 노래를 한다면, 사랑하기 때문에, 그의 사랑이 어떤 표현을 찾고 있기 때문에 노래하는 것이다.

옛날부터 사람들은 사랑 천사를 사랑과 직접 관련하여 말해 왔다. 나는 사랑하는 사람에게 그대가 천사라고 말한다. 내가 사랑을 경험하게 될 때 한 천사가 내 삶 안에 들어섰다는 느낌을 받는 것이다. 보스만스Phil Bosmans는 천사를 일컬어, "하느님이 그대 삶 속에 불시에 무상으로 보내시어, 아주 깜깜한 밤이면 그대에게 몇 개의 별에 불을 붙여 주는" 그 누구라고 했다.

아우슬랜더Rose Ausländer는 그대 안에서 그대의 빛을 함께 반기고 그대의 어둠을 함께 우는 그런 천사를 알고 있었다.

날개에서 쏟아진다
사랑의 말, 애무의 시

우리에게는 사랑 천사가 필요하다. 사랑의 신비로 우리를 이끌어 들여 우리 안에서 용솟음치는, 그러나 아주 흔히 파묻혀 버리거나 우리의 병든 감정으로 인해 탁해지기도 하는, 우리 안의 사랑의 샘과 접촉할 수 있게 하는 천사가.

그러나 또한 조심스럽게 사랑 천사와 관계를 맺어야 한다. 그에게 과중한 요구를 해서는 안 된다. 그는 그대가 내놓은 재료

만을 변화시킬 수 있다. 그대가 공격적 감정을 누르고 가둔다면, 천사인들 그 속에 사랑을 불어넣을 수는 없다. 그렇게 되면 그 감정들은 마치 쓰디쓴 커피 찌꺼기처럼 그대 안에 머물러 있을 것이다. 그리고 점차 사랑을 위한 그대의 노력을 방해할 것이다. 사랑 천사는 그대 안에 있는 모든 것, 즉 분노와 노여움, 격정과 두려움, 불만과 실망조차도 모두 그대 앞에 내밀고 있다. 그대 안에 있는 이 모든 것이 사랑에 의해 변할 수 있기 때문이다. 사랑 천사가 곳곳이 그대를 동반하게 하라. 직장에서 빚어지는 갈등 속으로, 가정에서 일어나는 언쟁 속으로, 결혼 생활이나 또는 우정 속으로. 하지만 사랑 천사가 모든 것에 경건한 당의糖衣를 입히지는 않는다. 그가 원하는 것은 그대 삶의 변화다. 그는 그대에게 아무것도 금하지 않는다. 화내는 것을 금하지도 않고, 상처받지 않았다고 느끼도록 요구하지도 않는다. 그대가 체험한 모든 것에 그의 빛을 가득 채우도록 내버려두기를 바랄 뿐이다. 그렇게 되면 그대는 자신의 갈등을 다른 빛으로 보게 될 것이다. 그 갈등이 단순히 사라지거나 결코 쉽사리 빨리 해소되지는 않더라도. 그대의 사랑 천사는 또한 진실을 사랑한다. 그는 무엇이 잘못되었는지 그대가 정확하게 바라보기를, 갈등을 겪는 동안 자리 잡게 된 그대 자신의 감정을 진지하게 받아들이기를 원한다. 그렇다고 상처받은 감정에 매이기를 바라는 것은 아니다. 그것이 정말 사랑에 입각한 것인지 자문해 보기를 바라는 것이다.

사랑이란 우선 사랑스러운 감정이 아니다. '사랑한다'(lieben)

는 말은 '리오브'liob, 곧 '좋다'라는 말에서 왔다. 먼저 믿음이, 좋은 것을 봄이 필요하다. 그래야 사랑할 수 있고 잘 다룰 수 있다. 사랑하려면 먼저 새로 볼 필요가 있다. 사랑 천사에게 새로운 눈을 청하여 주위 사람들과 자신을 새로운 빛으로 보고, 마침내 자신과 다른 사람들 안에 있는 훌륭한 씨앗을 발견하도록 하라. 그러면 그 씨앗을 더 잘 다룰 수 있을 것이다. 사랑 천사가 그대 안에 있는 마르지 않는 샘 같은 신성한 사랑의 신비 안으로 그대를 점점 더 이끌어 가기를. 그대가 내면에서 사랑을 만들어 내야 하는 것은 아니다. 그대 안에서 솟아나와 언제나 그대에게 넉넉하게 흐르고 있는 신성한 사랑의 샘물을 마시면 되는 것이다.

2

화해 천사

　　화해 천사는 그대가 비로소 그대 자신과 화해할 능력을 줄 천사다. 오늘날 많은 사람이 화해하지 못한 채 살아가고 있다. 그들은 자기 삶이 계획했던 것과 다르게 흘러가는 것에 타협할 수 없다. 그리하여 자기 운명과, 그리고 삶이 가져다준 환멸과 싸운다. 자기 자신과 일치를 이루지 못하고 있는 것이다. 그들은 자기 자신을 인정할 수가 없다. 자신이 달라지기를, 더 지적이고 더 성공적이며 더 사랑스러워지기를 원한다. 좀 더 멋있게 보여지기를 원하는 것이다. 자신에 관한 아주 특별한 상像을 가지고서 그것과 일치하고 싶어 한다.

　　화해라는 말은 중세 고지高地 독일어의 '쥐네'süene에서 유래한 것으로, 조정 · 평화 · 입맞춤이라는 뜻이 있다. 또 '조용하게 하다, 가라앉히다'라는 의미도 함께 지니고 있다. 그러므로 자기 자신과 화해한다는 것은 이런 의미다. 나 자신과 평화를 이룸, 내가 이루어진 그대로 나 자신과 일치함, 나를 이리저리 잡아당기는 갖가지 요구와 소망 사이의 분쟁을 조정함, 내 안에서 이상상理想像과 실상 사이에 벌어진 틈새를 없앰, 몇 번이고 거듭 나의 실상을 거슬러 일어나는 격앙된 영혼을 진정시킴이다. 또한 나에게 어려운 문제가 되고 있는 것과의 입맞춤이다. 나의 잘못과 약점에 입 맞추며, 나의 이상상에 상치되는 나 자신과 다정한 관계를 맺는다는 말이다. 그때 틀림없이 천사가 다가와 나 자신과 화해하도록, 내가 나의 인생사와 나의 성격 그리고 내게 짐과 부담이 되고 있는 것들에 대해 정말 "예"라고 답할 수 있도록 도와줄 것이다. 내가 나 자신과 화해할 때만 나는 나와 그리고 다른 이들과 일치를 이루지 못한 주변 사람들과 화해하는 것도 생각해 볼 수 있다. 자신의 내부에 틈이 생겨 화해를 이루지 못한 사람은 주변에도 틈을 낳는다. 오늘날 많은 경건한 사람이 자기 내면의 균열을 외부로 드러내는 경향이 있다. 그들은 너무 높은 이상상을 가지고 있기 때문에 자기 내부에 있는 모든 어두운 것들을 쪼개어 버리고는 그것을 다른 사람들에게 투사한다. 그렇게 되면 다른 사람들 안에서 항상 악마나 또는 악령 같은 것들을 보게 된다. 으레 그들은 교회의 규범에 따라 살지 않고 그리스도교 윤리에 맞지 않는 자기들만의 관념을 가진 사람들을 사악하고 위험한 존재로 낙인찍는다. 자기 마음속의 악마를 쪼개어 냈기 때문에 주변의 도처에서 그 악마를 보게 되는 것이다. 그런 사람들 주위에는 틈이 생기게 마련이다. 어떤 사람들은 열광적인 이들이어서 과감하게 진실을 말하려는 누군가가 결국 나타나게 되겠지만, 다른 이들은 그들에게서 나오는 것이 무엇인가 병들고 갈라진 것들임을 알아채고 그들로부터 돌아설 것이다.

바오로 사도는 그리스도인의 직무를 바로 화해의 직무로 이해했다. 하느님 몸소 우리에게 화해의 직무를 맡기셨다(2코린 5,18 참조). 화해 천사는 그대를 화해의 사자로 만들고자 한다. 그대가 사방에다 대고 화해를 요구하거나 권고함이 아니라 그대 자신이 화해를 구축함으로써. 화해란 주위의 모든 갈등을 경건한 외투로 덮어 가리는 것이 아니다. 온갖 상이한 의견과 논쟁에 대해 조화를 이루려는 것도 아니다. 많은 이가 그것을 화해와 혼동하고 있지만, 사실은 그런 갈등을 배겨 낼 수 없기 때문에 그런 것이다. 그들은 주변의 모든 것이 조화를 이루지 못하면 불안해한다. 어쩌면 불안했던 어린 시절의 상황을 상기할 수도 있을 것이다. 이를테면 안전함과 고향에 대한 느낌을 빼앗길지도 모르기 때문에 위협적인 것이 되었던 부모들의 부부 싸움 같은 것 말이다. 화해란 조정調停이다. 그리고 조정이란 판판하게 고름을, 서로 다른 파당 사이에 길을 닦음을, 서로 반대하여 싸우는 집단 사이에 다리를 놓음을 의미한다. 그러나 모든 것을 평탄하게 하거나, 모든 것을 조화시킨다는 의미는 아니다. 입장은 지속될 수 있다. 그러나 더 이상 싸우지는 않는다. 이제 두 파당이 다시 함께 의견을 나누고, 다시 서로를 향해 갈 수 있는 다리가 놓인 것이다.

다른 이들이 서로 화해하기를 원하기 전에, 주변에 있는 적대적 집단들 사이의 분쟁을 조정할 수 있기 전에, 먼저 그대 자신과 화해해야 한다. 그런 다음 가까이 있는 사람들과 화해를 이루며 살아가야 한다. 그것은 그 일치의 대가로 자신의 모든 감정과 욕구를 눌러야 한다는 뜻이 아니다. 평화를 위해 화를 누른다면 자신을 화나게 한 것과 실제적인 화해를 이룰 수 없다. 자신의 감정들을 진지하게 받아들여야 한다. 그 모두 그 나름의 의미가 있다. 그대가 여성 직장 동료에 대해 화가 난다면 거기에는 필시 어떤 의미가 있다. '화'란 무엇을 고치거나 다르게 보려는 일시적 감정이다. 내가 누군가와 대화하다가 화가 났는데 그 화를 그냥 신심 깊게 억누른다면, 결국 분위기를 독화毒化하고 만다. 그 화를 평가하지 않고 적당한 말로 그 화와 대화해 본다면, 화는 무엇인가를 설명할 수 있을 것이다. 화는 종종 다른 사람이 자기가 생각하고 느낀 것을 사실대로 말하지 않고 빙 둘러 말할 때 나타나기도 한다. 하지만 내가 화난 것을 겉으로 드러내면, 다른 사람에게 한번 더 자기 자신을 비판적으로 살펴볼 기회를 제공하게 된다. 다시 말해 우리가 더 솔직하고 더 좋은 관계를 맺을 수 있는 다리를 놓는 것이다. 그러나 결정적인 것은, 무조건 내 권리만 행사하려 들지 않고 다른 이를 존중하며 그와 화해를 이루고자 하는 것이다. 화해는 다른 사람을 진지하게 받아들이되, 나 자신에 대해서도 나의 감정을 진지하게 받아들임을 의미한다.

화해에는 정치적 영역도 있다. 화해를 이루지 못한 사람들은 주위 사람들만 갈라놓는 것이 아니다. 그 균열은 계속된다. 그들은 그 분위기를 땅에 새겨 놓는다. 그들이 다른 생각을 가진 사람이나 달리 사는 사람에 대해 편견을 가지고 있다는 것은 너무나도 당연하다. 그뿐 아니라 그들은 낯선 사람이나 낯선 것들을 폭력적으로 공격하는 분위기를 만들어 낸다. 그런 까닭에 화해 천사가 그대를 우리의 세상을 위한 화해의 누룩으로 만들고자 하는 것이다. 그대가 그대의 말로 화해시키기에 이르렀다면, 그대에게서도 화해가 생겨난 것이다. 그렇게 되면 그대 가까이에 있는 낯선 이나 소외 집단도 자신들이 받아들여짐을 느낄 것이고, 그대는 분열이 아니라 희망과 화해의 겨자씨를 이 땅에 뿌릴 것이다.

3

호방 천사

호방豪放이란 나 자신에게는 좀 낯선 느낌을 주는 말이다. 아마 내가 호방하다기보다는 오히려 자제하는 편이라고 볼 수 있기 때문인지도 모르겠다. 그러나 혹시 그대가 나와 같은 경우의 사람이라면 얼마간 호방함이 필요할 수 있을 것이다. 호방이란 평소의 내 역할을 풀어놓는 것, 나의 가면을 벗는 것, 나의 내면에 있는 활기를 바깥으로 표출하며 살아가는 것을 의미한다. 우리는 호방한 사람을 보고 흔히 불손하다는 이름을 붙이기도 한다. 그는 보통의 용기를 뛰어넘는다. 용기(Mut)는 중세 고지 독일어로 노력, 기도企圖, 습관, 풍습 등을 의미한다. 그러므로 그는 보편적인 관습이나 규정에 따라서가 아니라 자기를, 자신의 노력을 기준으로 해서 살아가는 것이다. 기쁨과 활기로 솟아 넘치는 가슴을 가지고서 말이다.

호방 천사는 그대에게 살아 있음을 믿는 용기를 선사하고자 한다. 다른 사람이 그대에 관해 어떤 생각을 하는지, 그대가 행한 일이 여전히 관습에 상응하는지, 또는 그것이 다른 사람의 기대에 합당한지 살펴볼 필요는 없다. 그대에게 필요한 것은 그러한 외부로부터의 모든 기대를 떠나가게 하는 것이다. 그대 자신을, 그대의 마음을, 그대의 용기를 믿을 필요가 있다. 삶은 무엇인가 표현하기를 원한다. 그런데 삶은 언제나 균형이 잘 잡혀 있는 것만도 아니다. 과도하게 분노하기도 하고 불손하기도 하며, 어린 애처럼 순진하기도 하고 즉흥적이기도 하다. 이제부터는 즉흥적으로 살겠다고 간단히 결심할 수는 없다. 그런다면 역설적인 해결책일 테니까. 그대는 즉흥적이거나 아니면 그렇지 않다. 그러나 즉흥적이기를 원한다면, 그대는 이미 그렇지 않다.

아마도 그대는 자제하고 있을 뿐이다. 그런 경우 호방 천사에게 자유로 인도해 달라고 청할 수 있을 것이다. 우리 안에 있는 것을 따라 단순하게 살겠다고 결심할 때는 우리 자신으로부터 일정한 거리를 둘 필요가 있다. 너무나 자주 우리는, 만약 자신을 적나라하게 드러낸다면 다른 사람이 어떻게 생각할지, 어떤 인상을 주게 될지 숙고하곤 한다. 호방이란 남들의 기대에 대한 온갖 심사숙고로부터의 자유를 말한다. 다른 이들의 기대는 제쳐 놓고 우리 내면의 삶을 신뢰해야 한다. 평소의 역할을 풀어 주자. 자주 우리 내면의 활기를 가로막고 있는 가면을 벗어 버리자.

호방은 불꽃이 튀는 듯한 활기를 말한다. 이 역시 우리가 간단히 만들어 낼 수 있는 것은 아니다. 때때로 우리는 자신이 살아 있다는 느낌을 가진다. 그때 우리 안에 있는 모든 것이 솟구쳐 나오며, 온갖 말들도 바로 그래서 쏟아져 나온다. 그러면 우리는 사회 전체에 불을 붙일 수 있고, 기상천외의 착상도 한다. 그러한 호방에서 나오는 불티는 대개 다른 사람에게로 금방 옮아가게 마련이다. 그리고 거기서 자유가 생겨난다. 다른 사람들 역시 문득 자유로움을 느끼며, 자신의 직관을 믿게 되고, 그 놀이의 목적이나 쓸모는 생각지도 않은 채 그저 놀고 싶어 하는 어린아이가 자기 안에 있음을 믿게 된다. 그 어린아이는 자기 자신과 접촉함으로써 만날 수 있다. 그는 자기를 기준으로 해서 살아가며, 자기 주위 세계의 기대에 따라 살지 않는다. 어른이 되면 우리는 다시 무엇을 할 수 있고 무엇을 해야 하며 다른 이들이 무엇을 원하는지 끊임없이 헤아려 보는, 그 많은 심사숙고로 인하여 삶을 복잡하게 만드는 일 없이 그저 단순하게 살아가기를 그리워한다. 호방 천사가 그대를 어린아이의 자유로 이끌어, 그대가 모든 감각으로 삶과 자유를 누릴 수 있게 되기를.

4

보존 천사

독일어의 '베바렌'bewahren(보존하다, 보호하다)이라는 말은 '주의, 조심, 보호, 감독'이라는 의미를 가진, 고대 고지 독일어의 '바라'wara에서 나왔다. 체험하고 듣고 보고 인식한 모든 것을 주의 깊고 조심스럽게 다룸을 뜻한다. 덧없이 흐르는 시간 속에 사는 우리에게는 자신을 과거 속에 붙잡아 두기 위해서가 아니라 체험한 보물을 삶의 분망함 속에 잃어버리지 않기 위해서 바로 보존 천사가 필요하다. 황망한 우리의 시간 속으로 우리가 보았던 것은 어느덧 눈에서 사라져 버린다. 어떤 인상에서 다른 인상으로 넘어가는 것이다. 그런 까닭에 우리 안에는 아무것도 자라날 수 없다. 그뿐 아니라 우리 자신이 분열된 듯한 느낌마저 든다. 우리가 체험한 것을 충분히 음미해 볼 수 없는 것이다. 오늘날 많은 사람이 현재에 집중해서 살면서 체험한 것을 감지하기에 무력함을 보이고 있다. 그래서 자신을 감지하기 위해 외부로부터 점점 더 큰 충격이 필요해지는 것이다.

초기 수도자들은 온전히 현재에 머무는 방법을 발전시켰다. 그것은 묵상법으로, '루미나티오'ruminatio라고도 불렸다. '루미나리'ruminari란 '되씹다'라는 의미다. 그러니까 그들은 성서 말씀을 입에 담아 거듭 되씹었다. 마음속에서 반복하여 관찰하고 계속 새로운 눈으로 바라보며 그 말씀의 의미를 온갖 다양한 측면에서 살펴보았다. 그들은 성서의 단 한 말씀을 가지고 하루 종일 몰두할 수 있었다. 그렇게 해서 그 말씀은 그들의 살이 되었다. 그 말씀이 그들을 변화시킨 것이다. 그들의 불안한 정신 안에 그리고 세상의 소동 한가운데 버팀목을 마련해 주었으며, 나아가 온전히 그 순간에 존재할 능력을 주었다. 그들에게는 현존하시는 하느님 앞에 현존하는 것 외에 더 중요한 것은 아무것도 없었다.

말(言)과 우리와의 관계를 낙타와 말(馬)의 태도에 비긴 아름다운 교부 말씀이 있다. 낙타는 적은 먹이로 만족하며 그것을 계속해서 되새김한다. 그에 반해 말은 많은 먹이를 필요로 한다. 그런데도 결코 배부르지 않다. 옛 교부 안토니우스는 우리에게 말이 아니라 낙타처럼 하느님 말씀을 다루기를 권고한다. 만족할 줄 모르고 몇 번이고 거듭 우리 안에 새로운 것을 채우려 할 것이 아니라, 듣고 읽은 적은 양의 것을 마음속에 잘 보존해야 한다. 그러면 그것이 우리를 변화시킬 수 있고, 그것으로 우리는 살아갈 수 있다. 본회퍼Dietrich Bonhoeffer는 테겔 감옥에서, 자신이 어떻게 기억들을 불러 깨웠고 또 그 기억들이 어떻게 감방의 고독 속에 있는 자신에게 빛과 위안을 선사했는지를 기록했다. 그는 여러 만남과 예배나 음악회 때의 체험들을 가슴속에 보존할 수 있었고, 그래서 그 혹독한 시기의 한가운데를 살아갈 수 있었다. 그러니 자기의 능력, 유익한 말, 체험들을 보존하는 것이 저 휠덜린 Friedrich Hölderlin의 탄식하는 질문에 대한 답이 아니겠는가. "아, 겨울이면 어디서 꽃을 보고 어디서 햇빛을 쬘꼬?" 본회퍼는 바로 자기 하느님 체험의 꽃을 잘 보존하여, 잔악한 나치 앞잡이들이 판치는 불모의 사막 한가운데서조차 꽃을 피울 수 있었고, 자기 가슴속에 햇빛을 보존하여 폐쇄된 인간들의 차가운 냉기가 더 이상 위협이 될 수 없도록 했던 것이다.

보존 천사는 그대를 어떤 보수적인 태도로 이끌어 가려고 하는 것이 아니다. 현재로부터 도주하도록 이끌고자 하지도 않는다. 오히려 그대가 체험한 귀중한 것을, 마치 그것을 볼 때마다 새삼 경탄하게 되는 귀중한 보물처럼 간직하고 지키도록 이끌고자 하는 것이다. 그것은 그대의 삶에 깊이와 풍요를 선사할 것이다. 그리하여 그대는 그다지 행복해 보이지 않은 상황도 견뎌 낼 수 있을 것이며, 사막이라도 목마름이 없이 통과할 수 있을 것이다. 보존할 능력이 없는 사람은 어떻게든 삶을 감지하기 위해 언제나 새로운 위안, 새로운 음식, 새로운 체험을 필요로 한다. 능력을 보존한다는 것은 나의 삶이 차단된 곳, 즉 좌절과 무감각의 상황 속에서조차 나 자신이 살아 있다고 여기는 것이다. 보존 천사가 그대에게 매 순간 강렬하게 살아갈 능력을 주기를. 동화* 속의 프레드릭이 겨울이 와도 살아가기 위해 여름 동안 햇빛과 색색 꽃들을 가슴속에 모아 둘 수 있는 것처럼.

* 레오 리오니, 『잠잠이』, 분도출판사 1980.

5

출발 천사

　　언젠가 아늑한 곳에 자리 잡고 영원히 살고 싶은 것, 안전한 고향 같은 곳에 머물고 싶은 것은 인간에게 근원적 동경이다. 마음에 드는 곳에 천막을 치고 계속 머물러 있고 싶은 것이다. 그러나 동시에 이 세상에서는 영원히 정주할 수 없다는 것도 알고 있다. 언제나 새로 길을 떠나야 한다. 거듭 출발해야 한다. 길을 계속 가기 위해 자기가 세워서 편안하게 살림을 차렸던 천막을 거두어야 한다. 출발은 철거를 전제한다. 옛것은 철거되어야 한다. 언제까지나 그대로 계속될 수는 없다. 내가 지금 있는 곳에 언제까지나 머물 수는 없다.

　　우리가 여행 중에 있는 동안은 몇 번이고 되풀이하여 천막을 철거해야 한다. 새로운 땅으로 출발하기 위해서. 모든 출발에는 우선 두려움이 앞선다. 친숙했던 옛것이 철거되어야 하기 때문이다. 철거하는 동안에는 무슨 일이 다가올지 아직 모른다. 그 미지의 것이 내 안에 불안한 느낌을 만들어 낸다. 동시에 출발 안에는 어떤 약속이, 간 적도 본 적도 없는 새로운 것에 대한 약속이 감추어져 있다. 새로 출발하지 못하는 사람의 삶은 경직되기 십상이며, 변하지 않는 것은 낡고 질식해 버리게 마련이다. 새로운 삶의 가능성이 우리 안에 들어오고자 하지만, 그러나 낡은 틀이 철거되어야 들어올 수 있는 것이다.

우리는 마음을 끄는 곳에 정주하고 싶어 한다. 타보르산 위에서 제자들은 그리스도 변모의 행복한 체험 가운데 영원히 머물러 있기 위해 기꺼이 초막 셋을 짓겠다 한다. 그러나 예수께서는 동의하시지 않는다. 이미 다음 순간 타보르의 광채는 어두운 구름에 의해 사라지고 만다. 그들은 그 체험을 붙들어 둘 수 없다. 다시 출발해서 골짜기를 향해 길을 떠나야 한다. 그곳에서 그들은 산의 광채가 없어진 것을 깨닫는다. 모든 심오한 종교적 체험은 우리가 붙들어 둘 수 없는 그 무엇에 우리 자신을 묶어 놓고 영원히 정주하려 들도록 유혹한다. 하느님은 붙들리지 않는 분이시다. 그분은 본질적으로 출애굽의 하느님, 출발의 하느님, 끊임없이 우리에게 출발을 권고하는 하느님이시다. 그분은 모세에게 말씀하셨다. "너는 어찌하여 나에게 부르짖느냐? 이스라엘 자손들에게 앞으로 나아가라고 일러라"(탈출 14,15). 이스라엘 백성은 출발을 두려워했다. 분명 이집트에서 자기네 삶이 억압받고 자유롭지 못함을 깨닫고도 타국의 통치에 길들여져 있었다. 적어도 고기 냄비는 풍족했다. 그들은 출발을 원하면서도 동시에 출발에 대한 두려움을 떨쳐 버리지 못했다. 우리는 이러한 반대 감정의 병존을 수없이 거듭 경험하고 있다. 바로 지금 우리의 삶에 만족을 느끼지 못하지만, 동시에 출발에 대해, 친숙했던 것을 떨쳐 버리고 안팎으로 변혁을 감행해야 한다는 데에 불안한 마음을 가지고 있다. 하지만 삶은 우리가 몇 번이고 되풀이하여 길을 떠날 준비를 하고 있을 때만 체험될 수 있다. 그때 우리는 이스라엘 백성들처럼, 근심의 홍해 바다 위에 지팡이를 뻗쳐 들고 출발의 용기를 심어 줄 천사가 필요하다. 그럼으로써 우리가 깊은 신뢰심을 가지고 안심하며 우리 삶의 바다를 걸어 통과할 수 있도록.

오늘날 출발 천사는 특히 어려움을 겪고 있다. 1960년대에는 먼저 공의회를 통해 교회에, 그리고 학생운동을 통해 사회에 강한 개혁의 분위기가 지배적이었지만, 우리 시대는 그때와 같은 출발의 분위기가 아니기 때문이다. 오히려 오늘날 주조를 이루는 분위기는 체념, 자기 연민, 우울, 애상 같은 것들이다. 모든 것이 아주 힘들어질 것 같고 정말 아무것도 해낼 수 없을 것 같다며 한탄하고들 있는 것이다. 오늘날 우리에게야말로 출발 천사가 필요하다. 우리 시대에 희망을 선사하며, 우리를 새로운 물가로 떠나가게 하고, 공동체의 새로운 가능성과 피조물과의 새로운 관계 그리고 정치와 경제 안에 새로운 상상력을 꽃피울 수 있도록 하기 위하여, 우리로 하여금 출발을 감행하게 할 천사가.

그대 스스로 고정된 관념들과 경직된 표상들을 깨뜨리는 것도 출발에 속하는 일이다. 내면의 봉쇄를 부수고 닫힌 것을 열어 젖히며 낡은 관습과 기득권을 포기하는 것, 이 모든 것이 우리에게 새로운 생활 방식과 생애의 한 시기를 향해 출발할 가능성을 열어 준다.

종종 그대는 어느 길로 갈지 몰라서 머뭇거릴 것이다. 그러면 출발 천사가 옆에 서서 그대 자신의 길을 가도록 용기를 줄 것이다.

"우리가 언제 어디로 떠나든
천사가 바로 옆에 살고 있다네"(디킨슨 Emily Dickinson)

6

공동체 천사

우리는 모두 어떻게든 공동체 안에 살고 있다. 가정 공동체든, 교회 공동체든, 마을이나 또는 시민 자치단체의 공동체든 간에. 공동체 천사는 무슨 일을 할까? 우리가 살고 있는 공동체는 늘 위험도 있다. 서로 좋은 관계를 가지지 못하면, 각자가 자기만을 바라본다면, 모두가 선입견을 방패 삼는다면, 공동체가 깨질 수 있다. 공동체 천사는 그대가 진정한 공동체의 선물을 경험할 수 있도록 도와주고자 한다.

우리 자신의 역사를 살펴보면 시사하는 바가 많다. 초대 그리스도인들에게는 유다인과 이방인, 남자와 여자, 가난한 자와 부자 사이의 공동체가 가능하다는 체험이 하느님 나라가 도래했다는 증거였다. 예수 그리스도는 당신 인격과 당신이 선사하신 영靈으로, 당신 제자들처럼 그렇게도 다양한 사람들을 하나의 공동체로 결합하셨다. 초기 그리스도인들에게 그 공동체는 하느님 체험의 장소였다. 오늘날도 우리에게 공동체는 언제나 그렇게 될 수 있다. 미사나 신심 단체를 통해 열심히 기도하는 사람들로 이루어진 공동체는 강렬한 하느님 체험의 장소가 될 수 있다. 그때 우리는 문득 혼자가 아니며 하느님이 우리 가운데 계심을 감지한다. 예수 친히 우리에게 "둘이나 셋이 내 이름으로 모여 있는 거기 그들 가운데 나도 있습니다"(마태 18,20)고 약속하셨다. 혹은 우리가 남자친구나 여자친구와 말을 할 때도 문득 우리 위에 하늘이 열리고 우리의 마음이 넓어지는 듯한, 어떤 밀접함과 강렬함을 감지한다. 그처럼 밀도 있는 고요가 한꺼번에 일어나면 우연치 않게들 "천사가 방을 지나가고 있다"라고 말한다. 바로 그때 공동체 천사가 새로운 성격의 공동체를 만들어 낸다.

그러나 우리는 공동체가 짐이 될 수 있다는 또 다른 경험도 알고 있다. 서로 의좋게 지내려고 애를 쓰지만, 그러지 못하고 서로 상처를 건드린다. 하나의 갈등이 풀리면 어느새 또 다른 갈등이 불거진다. 우리는 다다르고자 했던 공동체의 이상을 살기에 무력함을 느낀다. 그리고 실망한다. 진정 더불어 사는 공동체를 이루기에는 무능하다고 여기는 것이다. 그러나 그런 상처받는 체험도 하느님을 만나는 장소가 될 수 있다. 그것이 그대에게 진정한 집이 될 천사 공동체를 가리킬 수 있다. 거기서는 그대가 있는 그대로 존재할 수 있으니까. 거기서는 아무도 그대에게 계속 툴툴거리지 않는다. 자기 문제를 그대에게 투사하지 않는다. 그렇게 되기 위해 공동체 천사가 필요하다. 절망적인 상황에서도 공동체 천사는 더욱 깊은 공동체가 있으며 그대가 그 천사 공동체 안에 잠겨 있음을 보여 준다. 그러면 그대는 그리스도교 공동체에 대해 자기가 만들어 놓았던 이상이 자신의 힘으로는 실현될 수 없음을 감지한다. 그리하여 그렇게 많은 갈등과 음모, 인간적 약점과 오류가 존재하는 그런 공동체에서도 그대는 결국 살아갈 수 있고, 틀림없이 그대 안에 더 깊은 땅, 그대 피안의 땅을 소유할 것이다. 공동체는 결코 고향과 안전에 대한 그대의 동경을 채워 줄 수 없다. 그 공동체가 가리키는 바는 오히려 그대의 동경이 하느님을 향한 것이어야 한다는 것이다.

아래의 하시딤 이야기는 다른 이들과 삶을 나누려는 자세일 때만 자신의 삶을 살 수 있음을 보여 준다. 어느 라삐가 말한다.

사람마다 세상에서 무엇인가를 수행하도록 부름을 받았다네. 그러니 저마다 세상이 필요하지. 그런데 자기 방에만 틀어박혀 배우며 집 밖에 나가 다른 이들과 얘기하려 들지 않는 사람들이 있다네. 그 때문에 나쁜 사람들이라 불리지. 사실 다른 사람들과 얘기한다면, 그들에게 지시된 것을 자기가 수행하게 될지도 모르거든. 이는 그대 자신 앞에 나쁜 사람이 되지 말라는 뜻이라네. 다시 말해, 그대 자신 앞에 머물고 사람들에게로 나가지 말라는 말일세. 고독으로 말미암아 나쁜 사람이 되지는 말게.

우리를 공동체가 될 수 있게 하는 좋은 고독이 있다. 그러나 우리를 고립시키는 나쁜 고독도 있다. 고립된 고독에 갇혀 있어서는 인간 공동체가 우리에게 기대하는 이바지를 수행하지 못한다. 완전히 우리 자신의 방식으로 서로의 관계를 열매 맺게 하고 둘도 없는 우리의 방법으로 하느님의 충만함에 관한 무엇을 이 세상 안에 나타나게 하는 것이 공동체에 이바지하는 것이다.

사람들의 공동체를 하느님이 그대에게 선사하고자 하시는 공동체의 표징으로 이해한다면, 그대는 그 공동체를 향유할 수 있다. 그러면 받아들여짐을 체험하며 늘 새삼 감사하게 된다. 그대가 속한 곳이 어디인지를 알고 있는 것이다. 거기서 그대는 있는 그대로의 그대일 수 있다. 자신을 증명할 필요가 없다. 늘 기대에 충족할 필요도 없다. 때로는 쓰러질 수도 있고 약해질 수도 있다. 우리도 약점이나 상처를 내보일 수 있다는 바로 그것이 그리스도교 공동체의 표지다. 나우웬Henri Nouwen이 말한 바 있거니와, 우리가 공동체에 모든 것을 내놓지 않는 것이 공동체 생명력의 결핍을 가져온다. 우리가 자신의 약점을 차라리 숨기려 하며 공동체에 내놓지 않는다면, 공동체가 중요한 대목에서 꽃필 수 없다.

공동체는 강점이나 약점이나 모든 것을 함께 나눔을 의미한다. 그러나 언제나 자기만의 비밀을 위한 공간도 있어야 한다. 누구나 혼자 있을 수 있고 혼자 있어도 될 때, 비로소 공동체가 성립할 수 있다. 많은 그리스도교 공동체가 구성원에게 과중한 요구를 하고 있다. 그들의 모든 것을, 돈도 사상도 감정까지도 장악하려 든다. 종종 한계를 넘어 전체주의로 나아가곤 한다. 공동체는 자유를 숨 쉴 여지가 필요하다. 고독과 공동체가 건강한 긴장 관계에 있어야 한다. 공동체가 절대화하면 엄청난 협착감으로 인해 거의 숨을 쉴 수 없다. 구성원마다 온전히 자기 내면의 길을 걸을 수 있을 때, 비로소 그 공동체는 열매를 맺을 수 있다. 공동체는 우리에게 계속해서 길을 떠나기를 요구하며, 우리로 하여금 숨겨진 결점을 발견하게 함으로써 진리의 길을 걸어가게 만든다. 그리하여 우리는 그 진리의 길 위에서 우리 자신과 동료들에 대한 새로운 통찰을 하게 된다. 공동체 천사는 그대에게 그렇게 행복하고 도전적인 공동생활의 경험을 늘 새삼 선사하고자 한다.

7

방념 천사

'아무것도 가지지 않음, 모든 것을 소유함.' 모든 시대 모든 종교의 현자들이 취하는 자세를 이렇게 묘사할 수 있다. 어떤 피조물에도 마음이 묶이지 않은 사람, 다른 이들이 집착하는 것도 풀어 줄 수 있는 사람, 그런 사람만이 정말 자유로운 사람이다. 방념放念은 중세 신비가들에게 중요한 말이었다. 특히 마이스터 에크하르트Meister Eckhart는 거듭 방념에 관해 말한다. 자아에서 벗어나 하느님 안에 자신을 맡긴 사람, 그리하여 자신이 거룩한 땅에 속함을 앎으로 해서 마음 안에 고요를 얻은 사람은 태연하다. 신비주의에서 말하는 방념은 인간이 자신으로부터 해방됨을, 자신을 둘러싼 온갖 걱정과 근심을 비워 버림을 의미한다. 그럼으로써 우리 마음속에 하느님이 탄생되실 수 있도록, 그리고 우리 내면의 가장 깊숙한 곳에서 우리의 진정한 본질, 곧 변조되지 않은 진짜 인격의 핵심을 발견할 수 있도록. 방념은 내적 자유의 태도요 내적 고요의 자세다. 외부로부터 유입되어 나를 점유하고 소유하려고 위협하는 것과의 올바른 거리다. 단순히 성격적 태도라고 할 수 없다. 방념도 습득할 수 있다. 방념에 이르기 위해서는 많은 것을 버려야 한다.

내가 우선 버려야 할 세계가 있게 마련이라고 신비가들은 말한다. 수도자들의 아버지 안토니우스 성인은 삶에 대해 자유로워지기 위해 먼저 온 재산을 포기했다. 재산과 성공과 남들의 인정에 대한 집착에서 벗어나야 한다. 세속적인 것에 집착하는 사람은 종속적인 인간이 되고 마는 까닭이다. 그리고 종속은 인간 존엄을 거스른다. 흔히 우리는 복지에, 습관에, 그리고 인간에 종속되어 있다. 버림으로써만 누릴 수 있음을 상징적으로 이야기하는 어느 교부의 말씀이 있다. 한 아이가 유리 항아리 속에 든 많은 호두를 보고 손을 넣어 되도록 많이 꺼내려 한다. 그러나 잔뜩 거머쥔 손이 항아리의 좁은 주둥이를 빠져나올 수는 없다. 결국 호두들을 놓아주어야 한다. 그래야 하나씩 꺼내 먹을 수 있다.

포기란 온갖 애를 써서 달성해야 하는 금욕 행위가 아니다. 오히려 내면의 자유에 대한 동경에서 나오며, 우리가 독립적이고 자유로워질 때 비로소 삶이 정말 풍요로워지리라는 예감에서 나온다. 다른 이들이 우리에게 가지는 생각이나 기대에 예속되어 있지 않을 때, 사람들의 인정이나 관심에 매이지 않을 때, 그때 비로소 우리는 진정한 자신과 접촉할 수 있다.

방념은 나 자신에 대한 포기도 요구한다. 나 자신을 붙들어 두어서는 안 된다. 나의 걱정도 근심도 침울한 감정도 모두 붙들어 두어서는 안 된다. 많은 사람이 자기 상처에 매여 있다. 그것들을 그대로 내버려두지 못한다. 상처를 입힌 사람들에 대한 고발로 그 상처들을 이용하지만 그럼으로써 결국 삶을 거부하고 있다. 우리는 상처도 병도 포기해야 한다. 그대 자신과 그대의 과거를 그대로 내버려두는 기술로 그대를 이끌고 갈, 그리고 그대가 그대 자신과 거리를 두고 물러나서 삶을 다른 관점에서, 즉 그대 자신의 건너편에서 관조할 능력을 줄 방념 천사가 필요하다. 그 정도로 포기가 된 사람은 대중매체의 격앙된 보도에 태연히 반응할 수 있다. 비판이나 거부에도 태연히 대답할 수 있다. 온갖 비판에도 불구하고 당황하거나 혼란에 빠지는 일이 없으며, 위협받고 있다고 느끼지도 않는다. 혹시 생활 토대를 빼앗길까 불안해하는 일도 없다. 모든 내적·외적 혼란에 대해 거리를 두고 있기 때문이다. 그는 이런 말을 해 주는 방념 천사의 도움으로 그런 자세를 지니게 되었음을 알고 있다. "다른 이들이 그대에 대해 가지고 있는 생각 이상의 것이 있다. 성공에 대한 이미지 이상의 무엇이 있다. 그대 자신을 하느님 안에 놓아 주어라. 그러면 견고한 땅을 발견할 것이니, 그 땅 위에서 그대에게 몰려드는 모든 것을 태연히 바라볼 수 있을 것이다."

자기 자신을 그대로 내버려둘 줄 아는 사람은 나쁜 소식을 접할 때도 태연히 반응할 수 있다. 태연히 반응한다는 것은 어떤 사람의 죽음에 관한 소식을 접할 때 침착하게 받아들인다는 것과는 좀 다르다. 침착하다는 것은 내적 단련의 표현이다. 침착한 사람은 내적으로 동요하더라도 당황한 기색을 드러내지 않는다. 자제 자세를 유지한다. 하지만 방념은 자제가 아니다. 자기 마음을 태연히 놓아두는 사람은 자제 자세를 유지할 필요도 없으니, 그는 다른 관점을 가지고 있기 때문이며 어떤 나쁜 소식도 그의 가장 깊은 내면에 이르지는 못하기 때문이다. 자기 삶을 흘러가야 하는 그대로, 자기 자신과 자기 견해를 그대로 두고 있기 때문에, 아무것도 그를 지금까지의 생활 궤도에서 쉽사리 벗어나게 할 수 없다. 방념 천사가 그를 도와 그가 들은 모든 것을 천사의 거리에서 관찰할 수 있게 해 주고 있고, 바로 그것이 그에게 내적 자유와 폭을 선사하고 있는 것이다.

많은 사람이 어떤 열띤 토론을 벌일 때면 자기 의견을 고집한다. 진실을 대변하는 것이 자기 양심상 책임이라고 생각한다. 하지만 방념 천사는 그런 토론에 임하고 있는 그대에게, 진실은 말이나 논증의 정당성에 있는 것이 아니라 어떤 다른 영역에 속한다는 걸 보여 준다. 진실은 실상과 상응하는 조화를 의미한다. 우리가 절대로 진실하다고 여기는 것이 사실은 자주 우리들 자신을 투사한 표현에 불과하다. 우리는 진실에 관해 표상들을 만들어 낸다. 하느님에 관해 표상들을 만들어 낸다. 진실 자체가 파악될 수는 없다. 그것이 정의될 수는 없다. 가장 깊은 진실을 아는 사람은 태연히 토론에 들어간다. 우리가 진실을 인식할 수 없기 때문에 체념하지는 않는다. 우리의 인식은 으레 상대적이고 또 으레 갖가지 다른 입장이 있을 수 있으므로 진실은 아마도 서로 논쟁 중인 상대방들 한가운데 놓여 있으리라는 것을 알기 때문이다.

철학자 하이데거Martin Heidegger는 계산적이며 독선적인 사고에다 사물에 대한 방념과 신비에 대한 개방을 대립시켜 놓았다. "둘 다 끊임없는 진정한 사고에서만 생겨날 수 있다."

방념 천사가 그대를 도와 그대가 자기 사고 안에서 너무 지능적이려 하지 말고 가슴으로도 들을 수 있게 되기를.

(8)

열정 천사

　　　　열정 천사는 방념 천사와 상반되는 듯이 보인다. 그러나 우리 안에 삶을 꽃피우기 위해서는 많은 천사가 필요하다. 열정 천사는 우리에게 가느다란 가스 불꽃처럼 목숨을 이어 갈 것이 아니라 마음의 온 힘을 다해 살아가기를 요구하고자 한다. 더는 아무 열정도 없다면 그런 삶은 지루하고 메마르게 된다. 맛을 잃어버린다. 그것은 분명히 세상의 소금이 되라고, 우리의 활기로 이 세상에 양념을 치라고 요구하신 예수의 뜻이 아닐 것이다. 열정은 인간 안에 있는 자연스러운 추진력이다. 인간을 삶으로 몰아대며 궁극적으로는 하느님을 향해 내달리도록 하는 힘이다. 열정 천사는 우리가 이러한 추진력들을 잘 다루어 삶의 촉매로 삼도록, 우리가 그것에 지배될 것이 아니라 우리 삶의 본래 목표를 위해 그것을 투입하도록 그 비결을 가르쳐 줄 것이다. 우리는 단지 충동적 인간이나 피동적 인간이 될 것이 아니라, 열정을 몰아 삶에 도움이 되게 하고, 그리하여 다양한 삶을 가꿀 수 있는 인간이 되어야 한다.

열정적으로 무엇인가와 관계를 맺을 수 있는 사람은 삶에서도 열정적으로 투쟁할 수 있는 사람이다. 그런 사람의 삶에서는 영성 생활 역시 열정일 것이다. 이 점을 여실히 보여 주는 하시딤의 이야기가 있다.

한 하시딤 사람이 여러 날 밤새워 카드놀이를 벌인 몇 사람을 라뻬 볼프 앞에 고발했다. "잘됐군" 하고 차딕(의인)은 말했다. "모든 사람이 그렇듯이 그들도 하느님을 섬기고 싶지만 어떻게 섬길지를 모르지. 하지만 이제 깨어 있어 무슨 일을 끝까지 해낼 줄을 아는군. 그 점에서 완성에 이르렀다면, 이제 회개만 하면 되지. 그러면 하느님 섬기는 자란 무엇인지를 보여 줄 것이고!"

초기 수도자들은 열정에 대해 많은 생각들을 했다. 폰투스의 에바그리우스Evagrius Ponticus(†399)는 수도자들이 참아 내야 할 아홉 가지 열정에 대해 차례차례 열거한다. 그에게 열정은 긍정적인 힘이었다. 그는 그것들을 끊어 내려 하지 않고 자기 삶 속에 통합하려 했다. 열정이 우리를 섬겨야지 우리가 열정을 섬겨서는 안 되는 것이다. 열정과의 투쟁의 목표인 '아파테이아'*apatheia*(무감동, 무신경)란 열정을 잃어버린 상태가 아니라, 열정에 대한 병적 포로 상태로부터의 자유다. 내가 행하고 생각하는 모든 것에서 열정을 완성하는 것, 내가 더 이상 열정에 지배되지 않고 그 열정들을 하나의 힘(virtus, 덕)으로서, 나를 살아 있게 만드는 데 유용한 덕행으로서 자유롭게 이용하는 상태다.

열정은 가치를 매길 수 없다. 그것이 좋으냐 나쁘냐는 오로지 내가 그것을 어떻게 다루느냐에 달려 있다. 노여움은 다른 사람의 권력으로부터 나를 해방하고 구분 짓게 하는 능력을 나에게 주고자 하는 능동적인 힘이다. 그러나 내가 노여움의 지배를 받는 상태가 된다면 그것이 나를 부식시킬 수도 있다. 성욕은 나를 활기 있게 만들 수도 있지만 나를 점령할 수도 있다. 열정을 억압하는 것도 열정을 발산하는 것도 나를 생명력으로 이끌지는 못한다. 여기서 관건은 열정을 의식적으로 다루는 일이다. 열정 없이 사는 사람에게는 아픔도 힘도 삶의 충만도 없다. 많은 그리스도인이 열정을 빈틈없이 억제하기 위해 엄청난 노력을 하고 있다. 그래서 재미없는 사람들이 되어 버렸다. 그들은 더 이상 이 땅의 소금이 아니며, 더 이상 우리의 세상을 위한 양념이 아니다. 아무도 관심을 갖지 않는 김빠진 맛이 된 것이다. 예수께서는 가난한 자들과 권리를 빼앗긴 자들을 열정적으로 편드셨다. 자비로우신 아버지에 관한 말씀을 열정적으로 선포하셨고, 하느님의 모습을 편협한 적법성으로 흐리게 만든 바리사이들의 완고함에 열정적으로 대항하셨다.

독일어 '라이덴샤프트'Leidenshaft(열정, 격정)라는 말은 '라이덴'

leiden(참다, 견디다)에서 나왔는데, 전에는 걷다 · 가다 · 여행하다의 의미가 있었다. 어딘가를 가는 사람은 무엇인가를 경험하고, 어떤 것이든 세상사의 경험을 쌓으며, 무슨 일인가를 겪게 된다. 그리하여 '라이덴'이라는 말은 점점 더 많은 의미를 받아들여서 '참다, 견디다, 고통을 감수하다'라는 뜻을 되었다. 따라서 열정이라는 말은 경험과 관계가 있다. 열정을 끊어 버리는 사람은 경험을 잃을 것이지만, 열정과 관계를 맺는 사람은 무엇인가를 경험하게 되고, 새로운 것과 미지의 것을 체득하게 될 것이다. 그러나 모든 여행이 그럴 수 있듯이 열정과의 관계 역시 매우 힘든 일이 될 수도 있다. 그것은 언제나 뾰족한 산마루를 여행하는 것과 같다. 그리고 열정은 너무나 쉽게, 그것이 우리에게 베풀어 주는 선익보다 더 강한 힘을 발휘할 수 있다. 그렇게 되면 우리가 열정을 삶에 적용하는 것이 아니라 열정이 우리를 결정하게 된다. 열정 천사는 그대의 산마루 여행길에 함께 동반하고자 한다. 그럼으로써 그대가 진정 열정적인 인간이 될 수 있도록. 열정으로 가득 차서 다른 사람들과 관계를 맺는 사람이 되도록, 그래서 인간 존엄성이 존중되는 공동생활이 이 땅 위에서 가능해지는 일을 위해 열정적으로 투쟁하는 사람이 되도록.

9

진실 천사

자신에게 솔직하고 자신과 일치를 이루고 있는 사람을 일컬어 진실하다고 한다. 예수께서는 나타나엘을 가리켜 "참으로 이스라엘 사람이다. 그에게는 속임수가 없구나"(요한 1,47) 하신다. 그는 남들의 평가에 따라서가 아니라 자기 내면의 진실에 따라 사는 사람이다. 권모나 술수, 다른 사람에게 어떻게 하면 자신을 더 잘 알릴 수 있을지를 궁리하는 따위는 관심조차 없다. 그는 자기 자신과의 일치 안에서 순박하게 살아간다. 자기가 생각한 바를 말하고, 자기 가슴에서 느끼는 대로 행동한다. 사람들은 그런 사람을 보면 언제나 무슨 일이 있는지를 안다. 그는 자기 생각이나 감정을 숨기지 않는다. 우리가 그를 어떻게 인식할지에 대해 걱정하지 않는다. 그렇게, 자기 안에 있는 모든 것 편에 서 있기 때문에, 있는 그대로의 자신을 내어 준다. 아무것도 감추지 않는다. 감출 것이 아무것도 없으며, 자기 안에 있는 모든 것이 존재할 권리가 있기 때문이다.

　진실한 사람은 언제라도 자유롭다. 진실만이 우리를 자유롭게 하기 때문이다. 오늘날 많은 사람이 자신의 진실을 피하며 살아가고 있다. 마음속의 실상과 맞서기를 두려워하고 있다. 그들은 고요하게 있어야 할 때가 오면 혼란에 빠진다. 불쑥 마음속에 어떤 불쾌한 모습이 드러날 수도 있기 때문이다. 그래서 항상 자신의 길을 피해 가는 데만 몰두할 수밖에 없다. 그들은 언제나 불안하게 자신을 몰아대며 허둥댄다. 그들에게 일어날 수 있는 가장 나쁜 상황은 아무것도 잘못된 것이 없는 순간, 그래서 자신의 진실이 드러날지도 모르는 그런 순간이다. 자신의 진실을 피하려는 사람은 다른 사람들 앞에서 그것을 숨기기 위해 많은 에너지가 필요할 수밖에 없다. 그는 언제나 다른 사람들이 자기에 관해 어떤 생각을 할지 곰곰이 생각한다. 다른 사람들에게 좋은 인정을 받기 위해, 다른 사람들이 그의 심리 구조나 억압된 충동, 콤플렉스에 관해 아무 생각도 하지 못하도록 하기 위해, 어떤 말을 해야 할지 골치가 아프도록 골똘히 생각한다.

　그리스어로는 진실을 '알레테이아'*aletheia*라고 부르는데, 존재의 감추어진 부분을 밝히는 것을 의미한다. 베일은 벗겨지고, 그리하여 우리는 본래의 실상인 존재를 보게 되는 것이다. 진실하게 사는 사람은 아무것도 숨기지 않으며, 자기의 참된 존재를 분명하게 드러낸다. 진실 천사는 늘 거듭 그대가 자기 본래의 실상에 눈뜨기를 바란다. 그는 모든 것을 덮고 있던 베일을 치워 버린 다음 그대가 모든 것을 바라볼 때 쓰던 안경을 벗긴다. 아마도 그대는 모든 것을 변조하는 검은 안경을 쓰고 있을지도 모른다. 그래서 그대 눈에는 부정적인 것만 보이는 것이다. 아니면 빨간 장밋빛 안경을 쓰고 있는지도 모른다. 그래서 사람들과 그들의 문제들을 보고 싶지 않은 것이다. 그대는 더 편안하게 살기 위해 무엇인가를 자꾸 가장하여 내어 놓지만, 진실 천사는 실상을 가로막는 온갖 안경을 벗기고 본래의 것을 보여 준다. "하느님이 당신 천사를 영혼에게 보내신다면, 영혼은 참된 인식을 하게 될 것이다"라고 마이스터 에크하르트는 기록하고 있다.

진실한 사람은 우리로 하여금 자기 마음속의 진실과 맞서지 않을 수 없도록 만든다. 진실한 사람 가까이에서 우리는 자신을 숨길 수 없다. 그러나 우리에게 필요한 것은 우리 스스로 자신을 숨기지 않는 것, 우리 자신의 진실을 드러낼 용기를 내는 것이다. 예수께서 말씀하시자 부정한 영들, 즉 사람의 정신을 흐리게 하고 악의에 찬 감정으로 사람을 더럽히는 어두운 상념들은 자신을 숨길 수 없었다. 곧, 예수의 말씀에 의해 세상에 밝히 드러났다. 마르코는 이것을 묘사하여, 예수께서 회당에서 첫 번째로 설교하실 때 한 남자 안에 있던 더러운 영이 큰 소리로 외쳤다고 한다. 그는 이제 비판적이고 풍자적인 말로 자신을 숨길 수 없음을 감지하고 진실과 맞서야 했다. 즉, 맹렬한 기세로 그 남자에게서 뛰어나와야 했고 그를 다시 자유로운 몸이 되게 해야 했다(마르 1,23 이하 참조). 예수의 진실은 진리를 가로막고 위조하는 더러운 영으로부터 사람들을 해방한다. 그들은 치유되어 순수하고 진실한 인간이 된다.

진실 천사의 도움으로 그대가 온전히 그대의 본질 그대로 존재할 수 있기를, 그리하여 그대 주변 사람들을 진리를 향해 해방할 수 있도록. 진리는 또한 대상과 인식의 일치, 사건과 지력智力의 일치라는 의미도 있다. 그대가 철저히 그대 자신과 일치하고 그대 삶의 실상과 일치하기를.

10

감사 천사

감사하는 마음을 가진다는 것은 오늘날 드문 일이 되었다. 사람들은 헤아릴 수 없이 많은 요구들을 가지고 있다. 그러면서도 그 요구들이 실현되지 않을지도 모른다는 인상을 갖고 있다. 그렇기 때문에 점점 더 많은 것을 필요로 하게 되었고, 만족할 줄 모르게 되었으며, 그런 까닭에 아무것도 향유할 수 없게 되었다. 프랑스의 철학자 브뤼크네르Pascal Bruckner는 오늘날의 인간을 사회에 대해 무한한 요구를 해 대는 거대한 아기로 묘사하고 있다. 그는 아무리 받아도 결코 만족할 줄 모른다. 그리고 자기에게 좋지 않은 상황이 벌어졌을 때는 언제나 남들에게 책임을 전가한다. 자기가 살아가는 데 절대적으로 필요한 것을 그들이 주지 않기 때문이라는 것이다.

감사 천사는 그대의 삶에 새로운 맛을 넣어 주고자 한다. 모든 것을 새로운 눈, 감사의 눈으로 바라보도록 가르치고 싶어 한다. 그렇게 되면 그대는 감사의 눈길로 새 아침을 바라볼 수 있을 것이다. 건강한 모습으로 다시 일어나 아침 해가 떠오르는 광경을 보게 된 것에 감사할 것이다. 그대의 온몸을 꿰뚫고 흐르는 숨에 대해 감사할 것이다. 그리고 아침 식사 때에 먹을 수 있었던 자연이 주는 좋은 선물에 감사할 것이다. 더 의식적으로 살아갈 것이다. 감사는 마음을 넓어지게 하고 기쁘게 만든다. 그대는 마음을 언짢게 할 수도 있는 것에 눈길을 고정하지 않는다. 여느 때처럼 나쁜 날씨에 대해 화를 내는 것으로 아침을 시작하지 않고, 우유가 끓어 넘쳤다고 짜증 내지도 않는다. 물론 늘 부정적인 것만을 보기 때문에 삶 자체를 어렵게 만드는 사람들도 있다. 그런 사람들은 부정적인 것을 보면 볼수록 체험을 통해 더욱더 확인하게 된다. 염세적 시각으로 인해 사소한 사고事故들까지도 곧장 끌어들인다.

'당켄'danken(감사하다)이라는 말은 '뎅켄'denken(생각하다)이라는 말에서 나왔다. 감사 천사는 그대에게 올바르고 의식 있게 사고하기를 가르치고자 한다. 제대로 생각하기 시작하면, 그대의 삶에 주어진 모든 것을 감사하는 마음으로 인식할 수 있을 것이다. 그대에게 생명을 주신 부모께 감사할 것이다. 부모의 긍정적인 뿌리들뿐 아니라 부모로부터 받은 상처나 아픔에 대해서도 감사할 것이다. 부모 역시 지금의 그대를 형성해 왔기 때문이다. 상처가 없었다면 그대는 아마 식상하고 무감각한 사람이 되고 말았을 것이다. 옆에 있는 사람이 곤경에 처한 것을 보고도 지나쳐 버렸을 것이다. 감사 천사는 그대의 온 삶을 하느님의 천사가 동반하며 수많은 불행으로부터 지켜 주었다는 것, 그대의 수호천사가 그대의 상처들도 값진 보물로 변화시켰다는 것에 그대가 눈뜨기를 바라고 있다.

감사 천사는 새로운 눈을 선사한다. 피조물 속의 아름다움을 의식적으로 깨달아 느끼고, 초원과 숲, 산과 골짜기, 바다와 강과 호수의 아름다움을 감사하면서 향유할 수 있도록. 그대는 영양의 귀여움에 놀라고 노루의 우아함에 감탄할 것이다. 이제 무심코 피조물을 바라보지 않을 것이다. 생각하고 감사하며 그들에게 다가갈 것이다. 사랑이신 하느님이 그 피조물을 통해 그대와 접촉하고 계시며, 그대를 위해 얼마나 애써 보살피고 계신지 보여 주고자 하신다는 것을 깨달을 것이다.

자기 삶을 감사하며 바라볼 줄 아는 사람은 자신에게 일어나는 모든 일과 일치를 이루며 살아간다. 자기 자신과 자기 운명에 대한 반발 따위는 하지 않는다. 그는 날마다 새롭게 자기 삶에 천사가 들어와 재앙으로부터 자신을 보호하면서 사랑 가득하고 치유적인 친밀함을 알리고 있음을 알게 된 것이다. 다음 주 내내 감사 천사와 더불어 지내보라. 그러면 그대 자신이 모든 것을 다른 빛으로 인식하고 있음을, 그대의 삶이 새로운 맛을 얻었음을 알게 될 것이다.

함께 사는 사람들에게 감사하는 마음을 갖도록 가르쳐 달라고 감사 천사에게 청할 수도 있다. 우리에게 중요한 사람들을 위해 기도하면서 우리는 흔히 그들의 달라진 모습을 원하거나 하느님이 도움을 베풀어 치유하고 위로해 주시기를 바라기만 한다. 종종 우리의 기도는 다른 이들을 위한 것이라기보다 오히려 그들에게 대치되는 것일 수 있다. 우리가 원하는 것은 어쩌면 그들이 우리가 바라는 대로 되어 주기를 바라는 것인지 모른다. 다른 사람에 대해 감사하는 마음을 가질 때 그를 조건 없이 받아들일 수 있다. 그가 반드시 달라져야 하는 것은 아니다. 그는 그 나름대로 대단히 가치 있는 존재다. 다른 사람에 대해 감사하는 마음을 가질 때 종종 우리는 그것을 알아차릴 수 있다. 왜냐하면 우리의 감사하는 마음에서부터 다른 사람에 대한 긍정적인 동의가 나오기 때문인데, 바로 거기서 그들은 자신이 선입견 없이 받아들여짐을 느끼는 것이다. 미국의 한 성직자는 어느 부부의 기도를 이렇게 전한다. 그들은 알코올의존자인 부인의 아버지가 알코올에서 벗어날 수 있도록 해 주십사 수년간 기도했다. 자신들이 기도했을 뿐 아니라 수많은 기도 단체에도 함께 기도해 주기를 청했다. 그러나 모든 것이 허사였다. 그들이 아버지의 존재에 대해 있는 그대로 감사해야겠다는 용기를 가진 뒤에야, 그 스스로 자신을 고칠 수 있게 되었다. 더는 자신에 대한 무의식적 요구, 즉 자신이 고쳐져야 한다는 것을 감지하지 못하게 되었기 때문에 그는 자신을 고칠 수 있었다. 이제는 알코올이 필요 없다는 사실에 자신이 무조건 긍정하고 있음을 느꼈던 것이다. 그러므로 감사 천사에게 청하라. 그대의 감사로 인해 사람들이 무조건 사랑받고 있음을 느끼도록, 그리하여 그런 사랑 안에서 치유되는 기적이 일어나도록.

11

포기 천사

포기 천사는 오늘날 어려움이 많다. 많은 이들이 음울한 고행 같은 것을 포기라는 말에 관련짓고 있기 때문이다. 그러나 하느님은 우리가 충만한 삶을 살기를 바라신다. 그렇다면 왜, 무엇 때문에 포기해야 하는가? 어쨌든 오늘날 문제가 되고 있는 것은 되도록 많이 소비하려 하고 되도록 많이 가지려 한다는 것이다. 물론 포기만 하다가 즐길 수 없게 된 사람들의 사례도 얼마든지 있다. 그러나 포기가 무조건 삶을 적대시하는 태도에 이를 수밖에 없을까? 포기란 본래 나의 권리에 속하는 어떤 것에 대해 요구를 하지 않는다는 의미다. 포기의 목표는 바로 내적 자유다. 눈에 보이는 모든 것을 가져야 하는 사람은 전적으로 그것에 예속되고 만다. 그는 자유롭지 못하며, 외부의 지배를 받을 수밖에 없다.

포기는 내적 자유의 표현이다. 내게 즐거움을 주는 무엇인가를 포기할 수 있을 때 나는 내적으로 자유로워질 수 있다. 포기는 또한 내적 자유로 가는 훈련 과정일 수도 있다. 예를 들어 내가 사순절에 술이나 고기를 먹지 않는다면, 나는 그러한 포기를 통해 자유에 들어가는 훈련을 할 수 있다. 언젠가 나는 6주 동안 텔레비전 보기와, 술과 담배, 고기 그리고 아마도 커피까지 끊어 버리는 일이 가능할지 시험해 본 일이 있다. 그것이 성공했을 때 내 마음은 흡족했다. 나는 습관의 노예가 아니라는, 나를 자극하기 위해 절대적으로 알코올이 필요한 것은 아니라는 느낌이 들었다. 바로 그것이 내적 자유의 느낌을 가져다준 것이다. 내적 자유는 우리의 존엄에 속한다. 피곤하면 언제나 즉시 커피가 필요하다는 인상을 가지고 있으면, 나는 그것에 매여 있게 된다. 그리고 그것은 결국 나를 화나게 한다. 그것은 자기 자신에 대해 스스로 결정할 수 있는 인간으로서의 나의 존엄을 앗아 가는 것이다. 그런 다음에는 내가 더 이상 나 자신에 대해 결정할 수 없다는, 오히려 나의 욕구가 나를 지배한다는 사실을 감지하게 되는 것이다.

"포기냐, 향유냐, 아니면 둘 다냐?"라는 어느 텔레비전 방송에서 향락 연구가와 성생활 연구가와 나란히 수도자인 내가 어떻게 하면 향유와 포기를 함께 가질 수 있는지에 대해 질문을 받게 되었다. 세 사람 모두 포기 없이 향유란 없다는 데 의견을 같이했다. 향유하기만을 원하는 사람에게는 향유가 이루어지지 않는다. 나는 케이크 한두 조각은 아주 편안하게 먹을 수 있다. 그러나 적어도 네 번째 조각이면 더 이상 즐기면서 먹는 것이 아니라 그저 삼키는 것에 지나지 않는다. 오늘날 많은 사람들이 포기할 수 없기 때문에 즐길 수 없게 되었다. 옛적에는 오히려 반대였다. 그때 그리스도인들은 금욕적 생활 방식으로 인해 즐기기에 방해를 받고 있었다. 그들에게는 이미 즐긴다는 것 자체가 으레 의심스러운 것이었다. 그것은 모든 것을 가져야 한다는 오늘날의 시각과 똑같이 편파적인 시각이다. 탐욕을 부리는 자는 즐길 수 없게 되는 법이다.

포기 천사가 그대를 내적 자유로 이끌기를. 그대가 체험한 것을 실제로 향유하고, 그대가 지금 행하고 있는 일에 온전히 투신하며, 그대가 지금 먹고 마시는 것을 온 감각으로 느낄 능력을 주기를. 그대는 포기 천사가 동시에 기쁨 천사요 향유 천사임을 감지할 것이다. 포기를 통해 그대의 권리에 속하는 것들, 이를테면 먹기, 마시기, 텔레비전 보기 등등에 대한 요구를 단념한다면, 그대는 그대 자신을 얻을 것이다. 그대의 삶 자체를 손안에 쥘 것이다. 포기 천사는 그대의 삶 자체를 살아가는 비결을, 그대 자신을 자유롭게 다룸으로써 삶의 기쁨을 누리는 비결을 가르쳐 주고자 한다.

12

모험 천사

오늘날 많은 사람들이 가장 중요한 것은 눈에 띄는 일을 하지 않는 것, 어떠한 과실도 범하지 않는 것이라는 생각을 하고 있다. 그러면 적어도 직업상 출세는 위태로워지지 않는다고. 그러면 집단 안에서 비판받는 일도 없고, 틀림없이 일자리에서 물러나는 일도 없을 것이라고. 그러면 인생은 성공한다고. 그러나 이러한 모험을 적대시하는 태도가 사실상 삶을 방해하고 있다. 완벽하게 어떤 실수도 하지 않으려는 사람은 모든 것을 그르치기 십상이다. 아무것도 감행할 수 없고 어떤 모험도 받아들이지 않기 때문이다. 그렇게 되면 새로운 것은 아무것도 생겨날 수 없다. 경제적으로도 정치적으로도, 교회에서도 사회에서도 아무도 모험을 감행하려 하지 않는다. 그로 인해 공격받게 될지도 모르기 때문이다. 물론 일이 잘 안될 수도 있고, 그것이 파멸을 가져올 수도 있다. 심지어 평화롭던 일상에서 강제로 끌려 나와 세상 앞에 자기 실수를 인정해야 되는 일이 생길지도 모른 다. 많은 이들이 그런 경우를 견뎌 내지 못하리라는 두려움을 가 지고 있다. 사람들의 인정과 관심에 집착한 나머지 자신의 직감 력을 믿지 못하고 어떤 위험도 무릅쓰지 않는다.

심리학자들은 모험에 대한 용기 부족이 우리 사회에 각인되 어 있는 아버지의 부재不在와 관계가 있다고 말하고 있다. 보통으 로 아버지란 어떤 사람에게 의지가 되어 주며 위험을 무릅쓰고 무엇인가를 감행할 용기를 주는 그런 사람이다. 이런 긍정적인 아버지 체험이 없을 때, 기둥이 되어 줄 아버지가 없을 때, 이런 사람에게는 대신 기둥이 되어 줄 무엇이 필요하다. 그것은 이데 올로기일 수도 있고, 사람들이 방패로 삼는 견고한 규범일 수도 있다. 그렇게 되면 사람들은 이제 아무런 모험도 감행하지 않으 며, 어떠한 실험도 해보려 하지 않는다. 당연히 모든 것이 여전한 채로 머문다. 새로운 것을 생각할 엄두도 못 낸다. 하물며 새로운 일을 행하랴. 물론 새로운 일이 성공한다는 보증은 없다. 그래서 그런 일을 단념하는지도 모른다. 우리 시대는 상상력의 부재로, 위험을 무릅쓰고 무엇인가에 도전해 보려는 용기의 결핍으로 각 인되어 있다. '리지코'Risiko(모험)는 이탈리아어에서 유래한 것으 로 위험과 감행의 뜻을 가진 말이다. 오늘날 많은 이들이 아무런 위험 없이 삶이 진행되기를 요구하고 있다. 그러니 온갖 위험에 대해 확인해 보지 않을 수 없다. 누구에게도 아무 일이 일어날 수 없도록. 그러나 자신을 안전하게 지키려 할수록 더욱 불안해지고, 점차로 어떤 것도 믿지 못하게 되고 만다. 모든 것이 보증되어 있어야 하는 것이다. 충분한 확신 없이는 어떠한 감행도 없다. 이것이, 오늘날 정치적·경제적 상황이 충분히 분명하게 보여 주듯이, 점점 더 경직되는 결과를 초래하고 있다. 무엇인가를 감행할 때에만, 실수할 것을 무릅쓰고 도전할 때에만 우리는 이 막다른 골목에서 빠져나올 수 있을 것이다.

그대가 생명을 걸 수 있도록, 그대와 그대 주변 사람들을 위한 새로운 길에 목숨을 내걸 수 있도록, 모험 천사가 용기를 북돋아 주기를. 모험 천사는 그대에게 의지가 되어 주고, 그대를 안전하게 보호해 주고자 한다. 그대가 자유로워지고, 그대 자신을 과감하게 내걸며, 사방으로 안전 조치를 취할 필요 없이 그대의 내적 충동을 믿을 수 있도록. 그대가 어떤 새로운 것을 감행할 때, 그대가 비로소 자신의 이념을 실행에 옮기는 것에 대해 온 세상에 대고 허락을 구하지 않게 될 때, 세상은 그대에게 감사할 것이다. 낡은 것은 쓸모없다는 것을 우리는 매일매일 체험하고 있으므로. 아무도 감히 실직 문제를 무릅쓰고 새로운 길을 걸어갈 용기가 없다. 오히려 상투적인 변명을 하거나 다른 사람에게 책임을 전가하는 실정이다. 모두가 다른 사람이 먼저 잘못된 걸음을 내딛기를 기다리고 있다. 그런 다음 그를 비판하는 것이다. 그러나 아무도 감히 첫걸음을 내디디려 하지 않는다. 그래서 그 자리에들 머물러 있다. 실수할 것을 무릅쓰고 자신을 내거는 대신 다른 이들의 실수를 찾아내기 위해 잠복해 있다는 얘기다. 그대가 자신과 사람들에게 새로운 길을 열어 주기 위해 실수조차 감행할 수 있도록 모험 천사가 자유의 능력을 북돋아 주기를. 모름지기 그대가 모험 천사를 믿을 때, 그대를 통해 이 세상에 새로운 것이 자라날 수 있고, 그대를 통해 사람들이 새로운 가능성을 발견할 수 있을 것이다.

13

확신 천사

비관론자와 낙관론자 모두 묵시록적 미래를 장담하고 있는 이 시대에, 우리는 어느 때보다도 확신 천사를 통절하게 필요로 하고 있다. 세상 종말을 알리는 예언들은 일시적 호경기를 타기도 한다. 물론 어느 누구도 우리들의 세상이 오래도록 균형을 유지하고 인간의 광기를 견디어 낼 것이라고 보증할 수는 없다. 그런데 자칭 예언자라는 사람들을 보면 이 세상의 현실보다 영혼에 대해 훨씬 더 몰락을 예언하려는 욕구를 드러내고 있다. 자신의 삶을 파국으로 체험하면서 그러한 실패의 인생이 되도록 빨리 끝나기를, 자신의 상황을 세상에 투사하면서 되도록 곧 세상의 몰락이 오기를 무의식적으로 바라고 있기 때문이다. 그들 내면의 파괴적 성향이 드러나면서 세상의 몰락을 무시무시한 지옥의 색으로 그려 내고 있다. 미래에 대한 불안이 오늘날 널리 만연되어 있기 때문에 그런 거짓 예언자들이 인간 영혼 안의 민감한 부분을 때리고, 그래서 불안에 떠는 많은 사람들을 지배할 세력을 얻고 있는 것이다.

확신 천사는 우리에게 미래에 대한 희망과 신뢰를 선사한다. 확신(Zuversicht)이라는 말은 '보다', 즉 '무슨 일이 일어나는지를 눈으로 뒤좇다'에서 나왔다. 확신이란 하느님이 모든 것을 어떻게 조종하고 이끄시는지, 이 세상을 불행에 넘겨주기 위해서가 아니라 모든 것을 선으로 향하게 하기 위해서 당신 천사들을 어떻게 보내시는지, 내가 바라보는 것을 의미한다. 그러한 확신 속에서 나는 염세적인 예보를 듣고도 동요하지 않을 수 있다. 나는 현실을 회피하기 위해 어떠한 장밋빛 안경도 쓰지 않으며, 세상의 상황에 관한 어떠한 환상도 만들어 내지 않을 것이다. 나는 있는 것만을 인식할 것이다. 하지만 그럼에도 나는 확신에 차 있다. 나는 이 세상이 하느님과 당신 천사들의 손안에 있다는 것을, 인간은 이 세상에 대해 어떠한 궁극적인 힘도 가지고 있지 못하다는 것을 알기 때문이다. 확신은 단순히 현존하는 것 이상의 것을 볼 줄 안다. 확신은 신문의 헤드라인이 규정하고 있는 문제들 이상의 것을 보며, 모든 외부적인 것에 덧붙여 모든 사물의 가장 내면에 있는 실상을 본다. 그리고 우리와 더불어 이 세상을 통과하면서 보호 어린 손길을 우리의 땅 위로 펼쳐 들고 있는 하느님의 천사들을 세상 속에서 본다.

예로부터 확신 천사는 시편 기도자를 동반해 왔다. 시편 34,8

에서는 "주님의 천사가 그분을 경외하는 이들 둘레에 진을 치고 그들을 구출해 준다"고 찬양한다. 시편 91,11-12에서는 "그분께서 당신 천사들에게 명령하시어 네 모든 길에서 너를 지키게 하시리라. 행여 네 발이 돌에 차일세라 그들이 손으로 너를 받쳐 주리라"고 노래한다.

시인 카슈니츠Marie Luise Kaschnitz는 『천사의 다리』에서 이러한 확신을 뚜렷이 드러내는 이야기를 하나 들려준다. 조반니 디 마타 선장 이야기다. 그는 포로들을 석방시키기 위해 자기가 가진 돈을 모두 해적들에게 내주었다. 그가 풀려난 자들과 함께 막 출항하려는데 해적들은 또다시 많은 돈을 요구했다. 하지만 그 요구를 들어줄 수 없음을 알게 되자 그들은 배의 돛대와 키를 때려 부수고 돛을 갈기갈기 찢어 놓았다. 그럼에도 조반니 디 마타는 출항하라는 신호를 보냈다. 놀라움으로 어안이 벙벙해진 해적들을 뒤로 하고 배는 돛대도 돛도 키도 없이 서서히 움직여 갔다. 그러고는 마침내 망망대해에 이르렀다.

확신을 가진 사람은 천사가 마치 우산처럼 우리를 감싸고 있음을, 그뿐 아니라 우리가 사자와 살모사 위를 안전하게 걸어 다닐 수 있도록 천사가 두 손으로 우리를 받쳐 들고 있음을 이미 알고 있다. 천사가 자기를 돌보고 있음을, 그러므로 어떠한 악도 자기를 해칠 수 없음을 믿고 있는 것이다.

그는 눈을 감은 채 세상을 살아 나가고 있는 것이 아니다. 어디에 위험이 도사리고 있는지 철저히 보고 있다. 그러나 천사가 자신을 동반하고 있다는 것도, 자기를 감싸서 받쳐 들고 있다는 것도 잘 알고 있다. 바로 자신이야말로 운명이 임의대로 결정해 놓은 단순한 숫자가 아님을, 천사가 동행하면서 자신을 보살피고 온갖 걱정거리에서 해방하고 있음을 알고 있는 것이다.

14

고독 천사

오늘날 많은 사람이 고독을 두려워한다. 자기 혼자만 있게 되면 멍해진다. 그래서 어떻게든 살아 있음을 느끼기 위해 항상 주위에 다른 사람들이 필요하다. 그러나 홀로 있음은 큰 축복일 수도 있다. 고독 없이는 실제적인 하느님과의 관계도, 진정한 자기 인식도 없다. 많은 이들이 고독을 홀로 버려짐 또는 고립이나 격리와 혼동하지만, 고독은 본질적으로 모든 영성적인 길의 전제 조건이다. 모든 위대한 종교의 창시자들은 다른 이들로부터 물러나서 이러한 사막의 체험을 한 바 있다. 예수님 역시 40일간 광야에서 단식하면서 고독의 길을 걸으셨다. 그때 당신 자신의 진실과 마주하셨고, 그 결과 당신 아버지 하느님을 새롭게 발견하실 수 있었다.

고독 천사가 그대를 풍요로운 고독 속으로 이끌기를. 그대를 있는 그대로 인식할 수 있게 하는, 남의 관심을 끌려는 것이 아니라 바로 벌거벗은 그대 자신과 마주할 수 있게 하는 그런 고독 속으로. 홀로 있기에 용기를 가진다면 그대는 그것이 얼마나 아름다울 수 있는지도 발견할 것이다. 자신이 정당함을 인정받기 위해 무엇을 제시하거나 증명할 필요 없이, 온전히 혼자 있는 것이 얼마나 아름다울 수 있는지를. 아마도 그때, 그대가 철두철미 그대 자신과 하나가 되어 있음을 경험할 것이다. 물론 고독이라는 말 안에는 그런 의미가 새겨져 있다. 즉, 고독(Alleinsein) = 모두가 하나임(all eins sein)이라는 등식이 성립되며, 세 가지 의미가 담겨 있다. 첫째 의미는 자신과 완전히 하나임이다. 일치에 대한 동경은 그리스인들에게서 이미 전형적인 것이었다. 그들은 갖가지 다양한 소망과 욕구들 사이에서 자신이 분열됨을 느꼈던 것이다. 오늘날 우리는 일치에 대한 이러한 동경을 다시 새롭게 이해하고 있다. 우리 역시 삶의 다양성에 직면하여 수없이 밀려드는 많은 종류의 상품들과 갖가지 상이한 경향 사이에서 이리저리 끌려다니고 있음을 느끼고 있기 때문이다. 그렇다면 내가 나의 내면에서 발견한 그 많은 것들을 가지고 어떻게 나의 단일성을, 즉 모든 것을 서로 결합하는 쥠쇠를 찾아낼 것인가?

    고독의 둘째 의미는 모든 사람을 겨냥한다. 모든 이, 모든 것과 하나임을 의미한다. 즉, 자기 심부에서 모든 사람과 함께 굳게 연대하여 하나임을 느끼는 것이다. 내가 자신의 고독에 응할수록 더욱 깊이 주위 사람들과 나 자신이 결합되어 있음을 느끼게 된다. 의식적으로 고독을 향해 걸어간 옛 수도자들은 그것을 경험했다. 그들은 더 깊은 차원에서 사람들과 하나가 되기 위해 사람들로부터 떠나갔다. 아주 영향력 있는 수도자 작가인 폰투스의 에바그리우스는 그것을 다음과 같이 간명하게 표현한다. "수도자는 모든 이와 떨어져 있으면서도 모든 이와 결합되어 있다고 느끼는 사람이다. 수도자는 끊임없이 모든 사람 안에서 자신을 발견하기 때문에 자신과 모든 사람이 하나임을 알고 있다." 고독 속에서 나는 나 자신의 근본적인 토대를 발견한다. 그리고 그 토대 위에서 모든 사람과 깊이 결합되어 있다. 그때 나는 어떠한 인간적인 것도 나에게 낯설지 않음을, 내가 내면의 가장 깊은 곳에서 모든 사람과 결합되어 있음을 감지한다.

고독의 셋째 의미는 삼라만상과 관계가 있다. 니체Friedrich Nietzsche는 "최후의 고독을 아는 자만이 궁극적 사실을 알 수 있다"고 말했다. 고독 속에서 나는 모든 것과 궁극적인 것, 온갖 존재의 근원과 내가 하나가 됨을 예감한다. 이런 고독의 경험은 근본적으로 인간에게 속한다. 그러므로 도스토옙스키Fyodor Dostoevsky가 "정상인에게는 때때로의 고독이 먹고 마시기보다 더 필수적이다"라고 한 것은 헛말이 아니다. 고독 속에서 나는 인간으로서의 삶이 본래 의미하는 것을 감지한다. 내가 모든 것에, 삼라만상의 모든 피조물에, 궁극적으로 모든 것 안에 있는 모든 것에 관여하고 있음을 감지한다. 고독 천사가 그대를 인간 실존의 토대가 되는 이런 경험 속으로 이끌어 가면, 고독이나 홀로 남겨

짐에 대한 온갖 불안은 그대 안에서 사라진다. 그대가 홀로 있는 바로 거기서 그대는 모든 것과 하나가 됨을 감지하는 것이다. 그렇게 되면 그대는 고독을 고립이 아니라 고향으로서, 자기 집으로서 경험하게 된다. 신비가 깃들어 사는 거기만이 자기 집일 수 있다. 고독 천사가 우리의 세상을 두루 지배하는 궁극적 신비 속으로 이끌어 가는 곳, 거기서 그대는 외로움을 느끼는 일 없이 참으로 자기 집에 머물게 된다. 모든 것을 감싸고 있는 이 신비가 누구도 빼앗아 갈 수 없는 고향을 그대에게 선사하는 것이다.

⑮

자매 천사

　　성서는 거듭 다시 '필라델피아'*philadelphia*, 즉 형제애 또는 자매애를 말한다. 그것은 초기 그리스도인에게 행복한 경험이었다. 그들은 육친 오누이만이 아니라 동시에 온 공동체가 하나인 형제자매 공동 사회임을 체험할 수 있었다. 자매와 형제 천사, 즉 우애 천사는 그대가 스스로 형제요 자매로서 다가가기만 한다면 얼마나 많은 형제와 자매를 얻을 수 있는지를 보여 주고자 한다.

　　초기 그리스도인들의 원체험은 그리스도교 공동체의 구성원 모두가 형제요 자매가 되었다는 것이었다. 모두 같은 아버지를 모시고 있다는 것이 그 기초였다. 우리 모두가 공동으로 하늘에 계신 우리 아버지께 기도할 권리가 있으므로, 우리는 신분이 높든 낮든 그 아버지 밑에 모두 형제자매다. 예수께서는 하느님의 뜻을 실행하는 모든 이를 "형제요 자매"로 부르신다(마르 3,35). 이 모범을 따라 예수 그리스도 주위에 무리 지어 그분과 같이 기꺼이 아버지의 뜻을 실행하고자 한다면, 우리는 그리스도의 형제 자매가 될 것이고, 그러면 모든 이가 똑같이 정당한 권리를 가진 새로운 가정이 생겨날 것이다. 예수께서는 제자들이 라삐라 불리는 것을 금하셨다. "여러분의 선생은 한 분이요 여러분은 모두 형제들입니다"(마태 23,8). 자매 천사는 우리 모두가 똑같은 권리를 가졌으며 어느 누구도 다른 사람보다 우위에 있을 수 없음을 보여 줄 것이다. 우리는 얼마나 자주 사회적 지위를 통해, 무엇보다 편견으로 인해 자신을 남보다 높은 위치에 두고 있는가? 우리는 자신이 남보다 우월하다고 느끼며, 남들 위로 자신을 끌어올린다. 남들의 부정적 측면에만 눈길을 고정한 채, 정작 자신의 약점을 남들에게 투사하고 있음은 전혀 의식하지 못하고 있다. 바로 이렇게 우리의 결점을 남들에게 투사하면서 자신을 남들보다 높은 위치에 두려는 메커니즘이 널리 유포되어 있다. 그로 인해 우리는 다른 이들로부터 자신을 멀리 떼어 놓고, 자신의 진실과 대면하여 자기 자신을 지키려 한다. 그렇지만 진정 자신의 진실을 인식하는 사람은 자기 결점을 남들에게서 찾기를 그만둔다. 그는 참으로 모든 이의 형제요 자매다. 모든 이 안에서 자기 자신을 인식하고 있으니까.

자매가 있다는 것은 형제가 있다는 것과 무엇인가 좀 다른 점이 있다. 다행히 우리 집에는 세 자매와 세 형제가 있다. 그 가운데 어린 시절에 종종 어머니 역할을 대신하곤 했던 누나가 있다. 어머니처럼 우리를 보살펴 주는 자매 천사가 있는 것이다. 우리를 잡아먹는 어멈이 아니라 자상하게 보살피는 자매다. 그녀는 우리 위에 있지 않다. 오히려 우리 옆에 나란히 있다. 그녀는 상냥하고 이해심이 깊으며, 보통의 어머니로서는 좀처럼 채워 줄 수 없는 욕구들을 채워 준다. 또 비슷한 나이의 자매들, 길동무들이 있다. 대체로, 고락은 형제들과 함께하는가 하면, 심중의 이야기를 나눌 때는 자매들을 찾게 된다. 이때 형제들에 의해서는 소리 나지 않는 자기 내면의 현絃과 접촉하게 된다. 그리고 어린 누이들이 있거니와, 흔히들 이들에게 '천사'의 이름을 붙여 주는 것은 물론 공연한 일이 아니다. 자매 천사는 나로 하여금 나의 아니마anima와 나의 정서성, 나의 영성과 접촉하도록 이끌어 준다. 천사들은 예부터 자매다운 관계를 통해 우리 영혼을 도와왔다. 개신교 목사이자 심리치료 전문가인 하르크Helmut Hark는 우리의 영적 동반자로서의 천사와 우리 영혼 사이의 에로스적 사랑 관계에 대해 말한다. 화집에서 천사들을 보노라면 종종 에로스적 분위기를 발견할 수 있다. 그것은 우리 영혼 안에 어떤 흔들림을 가져온다. 보통 때에는 연인에 의해서만 일어날 수 있는 그런 흔들림을. 바로 천사의 그 에로스적인 힘이 우리를 치유하는 작용을 한다.

    한 자매와의 경험은 우리를 내면의 천사와 접촉할 수 있게 만든다. 자매들은 스스로 천사가 될 수 있다. 우리 안에서 영혼의 부드러운 현이 울려 퍼지게 하고, 우리 안에 있는 영적인 에너지가 활기를 띠게 하며, 우리의 상처 난 가슴을 치유하는 그런 천사가. 바로 그대 자신이 다른 이들에게 생기를 일깨우고 활기를 부여하는 자매 천사가 될 수 있기를.

16

내맡김 천사

자기를 내맡긴다는 것은 우선 너무 수동적이고 체념조로 들린다. 자기 삶을 능동적으로 형성하여 스스로 통제하기에 실패한 사람은 자신을 단순히 운명에 맡겨 버린다. 자포자기하고 마는 것이다. 하지만 내맡김 천사가 우리를 그런 태도로 이끌어 가려는 것은 분명히 아니다. 그는 다른 생각을 가지고 있다. 자기를 내맡김은 무엇보다도 먼저 자기를 받아들임과 관계가 있다. 자기 자신을 삶에 내맡기고 있는 사람은 삶과 자기 움직임에 관계를 맺고 있는 사람이다. 물러서 있는 것이 아니다. 자기 자신 안에 경직되어 있는 것이 아니라, 삶의 흐름에 자신을 내맡기고 있는 것이다. 그리하여 그의 내면에서 무엇인가가 꽃피고 생동할 수 있는 것이다.

자기를 내맡김은 자기를 고수함과 반대다. 많은 이들이 자신의 이미지에 자기를 꽉 묶어 두고 있으며, 또 다른 이들은 자신의 습관이나 재산, 명성 그리고 자신의 성공에 자기를 붙들어 두고 있다. 내맡김 천사는 그대 자신을 풀어놓고 삶에, 궁극적으로는 하느님께 내맡길 수 있는 비결을 가르쳐 주고자 한다. 내가 내 임의대로 살지 않고 나에게 호의를 베푸는 천사의 손안에 있음을 믿을 때만 나는 나 자신을 내맡길 수 있다. 자기 천사에게 자신을 내맡긴 사람은 오늘날 많은 이에게 고통거리가 되고 있는 불필요한 걱정들로부터 자유로워질 수 있다. 자기 자신과 자기 건강과 인정과 성공을 둘러싼 세력권에서 자유로워진다. 그러한 내맡김의 태도 안에는 신뢰뿐 아니라 엄청난 내적 자유도 감추어져 있다. 내가 모든 것을 스스로 만들어 내지 않아도 될 때, 하느님이 나를 보살피고 계시다는 신뢰 안에서 나 자신을 단순히 그분께 내맡길 수 있을 때, 그때 나는 온갖 자기 경직과 자기중심성으로부터 자유롭게 된다.

    내맡김 천사는 또한 그대 자신을 어떤 사람에게 내맡길 수 있다는 신뢰로 그대를 이끌고자 한다. 수많은 우정과 결혼 생활이 오늘날 좌절을 맞고 있다. 모두가 자기 자신을 고수하기 때문에, 모두가 자기를 내맡기기를 두려워하기 때문에. 이를테면 자기 자유를 잃어버리지는 않을지, 다른 사람이 자기가 원하는 것을 해 줄 수 있을지, 그의 전횡에, 결국은 그의 사악에 넘겨지지는 않을지 걱정이 되는 것이다. 하지만 내맡김 없이는 어떠한 관계도 성공할 수 없다. 그런 경우에는 모두가 걱정만 잔뜩 하면서,

자기 자신과 자기의 감정, 자기의 말과 행위를 통제하는 데만 신경을 쓸 것이고, 나아가 자기를 다른 사람의 자유에 맡기지 않을 것이기 때문이다. 그렇게 되면 어떠한 신뢰도 자라날 수 없다. 아무도 나와 좋은 관계를 맺고 나의 신뢰를 악용하지 않겠다는 것을 보여 줄 수는 없다. 내맡김은 나 자신을 포기함을 의미하는 것이 아니다. 내가 나 자신과 관계를 맺을 때만, 내가 누구인지 내가 알고 있을 때만 나를 내맡길 수 있다. 동시에 내맡김에는 으레 모험이 따른다. 내가 고수하던 확신에서 뛰어나와 나를 다른 이의 손에 내맡기는 것, 그것은 그 다른 이가 악마가 아니라 나를 손으로 붙잡아 주고 받쳐 주며 호의를 베풀어 줄 천사임을 알고 있을 때만 이루어질 수 있다.

 나는 모든 것을 스스로 해내야 한다고 생각하는 사람들을 많이 보아 왔다. 틀림없이 그들은 소기의 성과를 얻고 이상을 실현하기 위해 자신에게 가혹할 만큼 일을 할 것이다. 그들은 선을 행하기 위해 애써 노력한다. 그러나 언제이든 자신들이 원하는 모든 것을 달성할 수는 없음을 감지하는 순간을 맞이할 것이다. 여전히 많은 것을 계획할 수 있겠지만, 모두 다 실행하지는 못한다. 매번 다다르기 어려운 자신의 실재와 마주할 것이다. 그때야말로 손을 내밀어 내 삶이 잘 이루어지도록 하느님이 보내 주신 천사에게 나 자신을 내맡겨야 할 때다. 그런 경우 그것은 체념의 태도가 아니라 자유의 태도다. 비로소 나는 내가 바라는 모든 것에 도달할 수는 없음을, 그것은 단지 좀처럼 하느님의 뜻과는 가깝지 않은 나 자신의 공명심이 드러나는 것일 뿐임을 예감한다. 내가 하느님 앞에서 묵상에 잠겨 나의 빈 두 손을 내밀어 들고 있을 때, 그때 바로 내맡김에서 나오는 자유를 감지하게 된다. 나는 하느님 안에 나를 깊이 침잠시킨다. 그러면 그분이 나를 받쳐 들고 계심을, 그분의 선하신 두 손 안에 내가 있는 그대로 단순하게 머무를 수 있음을 알게 된다. 그것이 바로 그리스도인 신앙의 핵심을 결정짓는 것, 곧 그리스도께서 우리를 해방하신 목적인 자유의 경험이다(갈라 5,1 참조).

17

따뜻함 천사

더러 어떤 사람들을 두고 따뜻함을 내뿜는 사람이라고들 말한다. 가까이 가면 기분이 좋고 가슴이 따뜻해진다. 그에 반해 어떤 사람들에게서는 냉기가 나온다. 그런 사람 가까이 가면 여름이라도 얼어붙는다. 따뜻함 천사는 그대로부터 온기가 나와 사람들이 가까이서 보호받고 사랑받음을 느끼게 하는 능력을 그대에게 주고자 한다. 또한 그대에게 따뜻함 천사가 되어 줄 사람을 그대가 늘 찾기를 바란다. 가까이 가면 얼어붙은 감정을 녹일 수 있는, 이 차가운 세상에서 추위 떨 때 가까이만 가면 따뜻해질 수 있는 그런 사람을. 오늘날 많은 사람이 우리 세상은 쌀쌀하다는 걸 체험하고 있다. 그래서 다른 사람을 위해 자기를 보호해 주던 외투를 벗을 수 있다는 것은 흔한 일이 아니다. 모두들 다른 사람의 차가운 시선을 받을세라 자기의 벽 뒤에 숨어 추위를 피하고 있다. 그때 따뜻함 천사들이 도와줄 것이다. 그들은 친밀한 관계와 만남을 가능하게 하며, 우리가 마치 자기 집에 있는 것 같은 편안한 분위기를 낳아 준다.

문제는 주변에 따뜻함을 발산하는 능력을 따뜻함 천사가 그대에게 주도록 그대가 만들 수 있어야 한다는 것이다. 나에게는, 따뜻한 마음을 다른 사람에게도 나누어 주기 위해서는, 내가 거듭 다시 신성한 사랑의 온기에 나 자신을 데우는 일이 중요하다. 헨리 나우웬은 영적인 삶을 모든 이의 가슴속에 타고 있는 내면의 불을 지키는 것으로 이해했다. 오늘날 많은 사람이 자기 난로의 문을 바깥으로 너무 많이 열어 놓아 다 타버린다고 나우웬은 말한다. 그런 경우에는 작열하는 불꽃이 그들 안에 계속 남아 있을 수 없다. 급속하게 다 타서 재가 되고 만다. 내게 영적 삶이란 내면의 불을 지킴을 의미한다. 명상 중에 가슴 위로 팔짱을 끼고 앉아 마음속으로 지금 내 난로의 문을 닫아걸고 있다고, 그때 신성한 사랑의 불이 내 안에 있는 모든 것을 발갛게 달구어 변화시키고 있다고 생각하면, 그것이 내겐 도움이 된다. 그런 경우 나는 내 안에서 기분 좋은 온기를 감지한다. 그리고 그 신성한 사랑의 불이 모든 이에게 미치고 있음을 안다. 모든 이에게 그 따뜻함을 보여 줘야겠다고 작정할 필요는 없다. 기도 가운데 내면의 불을 지키고 있으면, 그것이 내 안을 따뜻하게 만들 것이고, 그리하여 그 온기가 오늘 내가 만날 모든 이에게도 충분히 미칠 것이다.

따뜻함이 퍼져 나가게 하는 것은 사람이 할 수 있는 일이 아니다. 결심한다고 되는 일이 아니다. 나는 고딕미술의 천사상, 예를 들어 프라 안젤리코Fra Angelico의 천사들을 보노라면 마음이 따뜻해짐을 느끼곤 한다. 그야말로 따뜻한 사랑의 빛을 발하는 천사들이다. 그들 안에는 어떠한 암담함도, 어떠한 냉기도, 어떠한 적의도 없다. 파라켈수스Philippus Aureolus Paracelsus가 언젠가 말했던, "그대들은 알아야 한다. 천사는 죽을 것을 가지지 않은 인간이다"라는 말이 바로 그들에게 해당한다. 죽음의 것, 파괴적인 것, 병을 일으키는 것이 없기 때문에 그들에게서 우리가 타버리는 일 없이 따뜻해지는 온기가 나올 수 있다. 그런 천사들을 바라볼 때 그 따뜻함이 나에게 얼마나 선을 베풀고 있는지를 감지한다. 그런 다음 나에게서도 따뜻함이 나옴을 경험하게 되고, 그리고 그것에 감사할 수 있게 된다. 내게서 나오는 온기에 다른 이들이 따뜻해지고자 한다고 해서 그 온기를 빼앗아 가는 것이 아니다. 그것은 오히려 모든 이에게 넉넉하다. 왜냐하면 신적인 온기의 샘에서 공급되는 까닭이며, 신성한 사랑의 불에 의해 언제나 계속 새롭게 타오르기 때문이다.

따뜻함 천사는 그대가 다른 이들로 인해 금세 따뜻해지고 다른 이들도 그대로 인해 금방 따뜻해지게 하는 능력을 줄 것이다. 그렇게 되면 사방으로 온기가 흘러갈 것이고, 동시에 그대는 춥지 않을 것이다. 사방으로 흐르는 그 온기는 도리어 더욱 증강될 것이며, 그래서 다른 이들도 이해할 수 있는 분위기를 낳을 것이다. 어떤 모임에 가 보면 그 분위기를 직감할 수 있다. 더러는 차

가운 분위기가 지배하고 있어 말을 할 때마다 조심해야 한다. 아니면 따뜻한 분위기, 호의와 우정의 분위기가 흐르고 있다. 그때는 말 한마디 한마디를 신중하게 골라 쓰지 않아도 된다. 그냥 내가 있는 그대로 존재할 수 있다. 철두철미 내가 받아들여지는 것이다. 그대가 언제나 주위에서 따뜻함 천사를 감지할 수 있기를, 그리고 그대 자신이 다른 이들에게 따뜻함의 빛을 발하여 그들의 마음을 따뜻하게 해 줄 수 있는 한 천사가 되기를.

18

용기 천사

고대 고지 독일어 '무오트'muot는 원래 '무엇을 얻으려고 노력하다, 격렬하게 요구하다, 열망하다'라는 의미였다. 어떤 심정, 영혼의 정서적인 면을 나타내는 그리스어 '티모스'thymos에 상응한다. 16세기 이후 독일어 '무트'Mut라는 말은 점점 더 용기, 용감의 의미를 받아들이게 되었다. 용기는 사추덕四樞德에 속한다. 위험한 상황에서도 두려워하지 않는 대담함을 말한다. 윤리학자 뎀머 Klaus Demmer에 따르면, 정신의 침착함에서 비롯되는 것으로, 헌신적 성향과 성취 능력과 자기주장 의지를 요구한다. 용기와 용감은 군인만이 아니라 모든 사람에게 요구된다. 우리 모두가 고유의 삶, 애당초 자신에게 주어진 삶을 살기 위해 용기가 필요하다. 너무나 쉽게 우리는 다른 이들에게 자신을 맞춰 가며, 시대의 조류를 거역하지 못한 채 그들의 관념을 그대로 넘겨 받아 왔다. 과연 오늘날 한편에서는 모든 것이 용인되는 강한 자유주의가 지배적이지만, 동시에 심각한 획일성도 관찰할 수 있다. 각종 매체들이 오늘을 어떻게 보내야 할지, 어떤 생각을 하고 무슨 옷을 입으며 무슨 일을 할지에 대한 기준을 중개하고 있는 형편이다. 이때 다르게 존재하는 데는, 나에게 어울리고 알맞은 대로 존재하는 데는 큰 용기가 필요하다.

직장 동료들이 한 여성 동료를 두고 욕설을 퍼부을 때 그대에게는 용기 천사가 필요하다. 함께 욕을 하지 않고 그녀에게 자신을 변호할 기회를 주거나, 또는 모두 달리 이해할 수도 있지 않겠느냐며 남 얘기 하기를 그만두도록 주의를 환기하는 데는 용기가 필요하다. 그때 그대는 우선 몰이해의 화살을 받게 될 것이다. 심지어 바리사이라고 비난받을지도 모른다. 그리고 그 여자 동료가 정말 용인되지 못할지도 모른다. 사람들은 그리 쉽게 수그러들지 않는다. 그대가 남의 흉을 보며 재잘거리는 것을 중단시키려는 용기를 낸다 해도, 그 수다꾼들은 급습당해 붙잡힌 듯한 느낌이 들어 그대에게 책임을 몽땅 전가하면서 변명하고자 할 것이다. 다른 이들이 그대를 따돌리려 하거나 그대 역시 남 이야기를 할 것 아니냐고 비난하게 되는 그런 경우에도 계속 그대의 의견을 주장하는 데는 더 큰 용기가 필요하다.

용기 천사는 직업상 진로나 인생사 문제를 두고 어떤 결정을 내려야 할 때 그대를 도와주고자 한다. 어떤 사람과의 필생의 결합을 받아들일 용기가 있어야 하는 결혼 같은 것만 그런 결정에 속하는 것은 아니다. 흔히들 이 시대 사람들은 판단력이 부족하다고, 자기에 관해 결정하기를 미루며 그것을 자기 의무로 여기려 하지 않는다고 비난한다. 무릇 결정은 나를 구속하는 것일 수 있다. 적어도 바로 다음 시간에 대한 결정은 그렇다. 그래서인지 그러한 구속에 대해 많은 두려움을 가지고 있는 것도 사실이다. 하지만 중대한 결정을 내리기에 앞서 용기 천사에게 도와 달라고 청할 수 있을 것이다. 자기의 결정이 절대적으로 옳다는 보증은 없다. 절대로 옳은 길이란 없다. 그럼에도 어느 길로 가야 할지 결정해야 한다. 계속 전진하고자 한다면 단 하나의 길을 선택할 수밖에 없다. 그리고 모든 길은 언젠가 좁은 길을 만날 것이고, 우리의 삶이 더 넓어질 수 있기 위해서는 그 길을 통과해야 할 것이다. 예수께서는 좁은 문으로 들어가, 좁은 길로 걸어가라고 요구하신다(마태 7,13-14 참조). 넓은 길은 모두가 걸어가는 길이다. 그대 자신의 길을 찾아야 한다. 다른 사람을 좇아가려는 것은 합당치 않다. 어느 것이 그대의 길인지 정확하게 귀 기울여 들어야 한다. 그런 다음, 비록 그 길이 외롭게 느껴지더라도 그 길을 가겠다고 용기 있게 결정을 내려야 한다. 고유한 그대 자신의 길만이 그대를 성장시키며 참된 삶으로 이끌 것이다.

끊임없이 삶은 지금 바로 착수해야 하는 과제를 그대 앞에 내놓는다. 지금 당장이 아니면 때는 늦는다. 게으름을 부리는 자에게는 삶이 벌을 내릴 것이라고 고르바초프Mikhail Gorbachev는 말했는데, 이 문구는 금언처럼 뭇사람의 입에 오르내리게 되었다.

용기 천사는 지금 요구되는 일에 바로 착수할 수 있도록 도와줄 것이다. 그것은 그대의 가정이나 일터에서 필요한 투명한 대화일 수도 있고, 업무 중에서 다른 모든 이가 그대 앞으로 밀어놓은 문제에 착수하는 것일 수도 있다. 또는 그대가 이미 오래 질질 끌어와서 더는 피할 수 없는 어떤 방문일 수도 있고, 관계를 밝히고 오해를 풀기 위해 결국은 써야 할 편지일 수도 있다. 일상에는 하고많은 상황이 있다. 바로 그 가운데서 용기 천사가, 지금 알맞은 일을 그대가 행할 수 있도록 도와줄 것이다.

19

인내 천사

끈기 있게 기다린다는 것은 오늘날 한물간 풍조다. "복되도다, 기다리는 이들, / 그들 옆으로 질주하며 / 지구가 지나간다. / 쏜살같은 세계 덩이가 / 약속된 쪽에서 그들 눈길을 놓아주지 않는다." 이렇게 시인 한Ulla Hahn은 읊었다. 하늘나라는 인내하는 자들의 것이라는 진복에 관한 무엇을 인내 천사는 분명히 보여 준다.

'게둘트'Geduld(인내)라는 말은 고대 고지 독일어 '둘텐'dulten(지탱하다, 견디어 내다)에서 유래된 것으로, 라틴어 '톨레라레'tolerare(참다, 묵인하다)와 관련되어 있다. 신약성서에서 인내를 가리키는 그리스어 '히포모네'hypomone는 본래 '그 아래에 머물러 있다'라는 의미로 '버티다, 배겨 내다'라는 뜻을 나타낸다. 이러한 의미는 간혹 너무 수동적으로, 마치 무엇이든 그저 감수해야 하는 것처럼 보였다. 초기 교회에서는 인내란 그리스도인들이 외부로부터 가해지는 압박 가운데서도 의연함을 잃지 않고 견뎌 낸다는 의미가 더 컸다. 바오로 사도는 로마 신자들에게 보낸 서간 5,3-4에서 "환난은 인내를 낳고 인내는 단련을, 그리고 단련은 희망을 낳기 때문입니다"라고 말한다. 그리고 콜로새 신자들에게 보낸 서간에서는 "그분 영광의 권능에 힘입은 모든 능력으로 굳세어져서 모든 일에 용기와 인내를"(콜로 1,11) 가지도록 당부한다. 여기서 '히포모네'는 '마치 전쟁터에서 자기 진지를 적들의 모든 공격으로부터 고수함으로써 증명될 수 있는 것과 같은 의연한 견디어 냄'을 말한다. 이것은 분명 오늘날 우리의 삶에도 시사하는 바가 있다. 외부로부터의 모든 공격에 대한 의연함과 끝까지 버티는 힘을 나타내기 때문이다. 여기서 인내는 수동적인 고통 감수가 아니라 능동적인 견디어 냄이며 버티어 냄이다. '불굴의 저항력'을 가리킨다. 바오로 사도는 인내에 참을성(그리스어로 *makrothymia*)을 덧붙인다. 그에게 인내는 영의 열매다(갈라 5,22 참조). 이 그리스어 '마크로티미아'는 큰 용기와 고귀한 정서와 넓은 마음을 가지고 스스로 기다릴 수 있음을 의미한다. 고대 독일어 '게둘트'는 역사가 흐르면서 의연함과 끝까지 버티어 냄이라는 두 의미를 받아들였지만, 기다릴 수 있음, 참을성, 해결을 보기까지 때를 기다림이라는 의미도 포함되어 있다.

인내 천사는 기다릴 수 있는 법을 가르쳐 주고자 한다. 오늘날 인내를 실행하기란 쉬운 일이 아니다. 우리는 늘 당장 해결을 보려 한다. 그러나 한 송이 꽃이 활짝 피기까지는 종종 오랜 시간이 필요한 법이다. 우리 자신의 발전을 위해서는 인내가 필요하다. 우리 자신을 즉시 바꿀 수는 없다. 변화는 서서히, 때로는 감지할 수 없게 일어난다. 성서의 상징어는 오늘날에도 적중하고 있다. 예수 친히 저절로 자라는 씨앗의 비유에서 그렇게 이야기하신다(마르 4,26-29 참조). 야고보도 인내에 관한 권고에서 농부들을 본보기로 삼아 말한다. "농부는 땅의 귀한 열매를 기다립니다. 가을비와 봄비를 맞아 열매가 익을 때까지 그는 참고 견딥니다. 그러니 여러분도 참고 견디시오"(야고 5,7-8). 많은 이가 무슨 일을 계획할 때 즉시 성공을 눈앞에 보고 싶어 한다. 치료받을 때도 즉시 진전되기를 바라며, 영적인 동반 때도 즉각 효과가 나타나기를 보고자 한다. 바로 요란스러운 성공 관리로 인해 그들 내면에서 서서히 성장하는 것들을 간과하고 마는 것이다. 내면에서 진행되는 것들에게 여유를 주기 위해서는 인내 천사가 절실히 필요하다. 성장에는 시간이 필요하다. 빨리 웃자란 잎은 빨리 시드는 법이다.

    인내란 고쳐질 수 있고 또 고쳐져야 할 모든 것을 간과하는 행위가 아니다. 자기 자신과 어떤 상황, 즉 변경될 수 없을 뿐 아니라 오히려 아무렇지도 않은 듯한 침착이 요구되는 상황도 받아들임을 말한다. 인내 천사는 실제로 우리가 참아야 할 일이 있을 때, 견뎌 내야 할 고통스러운 상황 속에 있을 때 도움을 주고자 한다. 결혼 생활의 갈등, 직장에서의 문제들은 언제나 쉽게 해결되지는 않는다. 쉽게 바꿀 수도 없고 어서 해결되기를 바랄 수밖에 없는 고통스러운 상황을 인내심 있게 견디어 낼 필요가 있다. 그러나 인내가 영구히 갈등과 화해한다거나 고식적인 타협을 한다는 것을 의미하는 것은 아니다. 인내 속에는 변환과 변화를 목표로 노력하는 힘도 감추어져 있다. 그리고 시간도 인내 속에서 중요한 자리를 차지한다. 그러므로 우리와 다른 이들에게 무엇인가가 변화할 수 있는 시간을 허용해야 한다.

병을 앓고 있을 때도 인내가 필요하다. 병도 즉시 제어할 수 있는 것이 아니다. 오늘날 인내력이 점점 저하되는 추세를 보이고 있다. 끈기 있게 참아 내는 것, 아래에 머물러 있는 것, 견디어 내는 것, 이런 덕행들은 오늘날 거의 인기가 없다. 그럼에도 우리의 삶을 제어하고, 우리들 세상의 문제들에 대해 희망을 품고 이겨 내기 위해서는 그 덕행들이 절실하게 필요하다. 어려운 상황 앞에 있을 때, 무엇인가가 해결될 수 없는 것처럼 보일 때, 그대가 즉시 포기하지 않도록 인내 천사가 도와주기를. 인내 천사는 그대에게 끝까지 버틸 힘을, 그리고 변화가 일어나리라는 확신을 줄 것이다.

20

가벼움 천사

　　　　　요한 23세 교종의 일기장에 이런 글이 있다. "조반니(요한), 너를 그렇게 대단한 존재로 여기지 마라!" 그는 가벼움 천사가 가르치고자 하는 바를 자신 안에 지니고 있었던 것 같다. 모든 것을 진지하게 받아들이고 모든 일의 착수에서도 철저함과 일관된 논리를 기본으로 하는, 차라리 우울하다고 할 수 있는 독일인보다는 아마도 이탈리아인이 훨씬 쉽게 가벼움 천사와 관계를 맺을 수 있을지도 모른다. 모든 것에 다 때가 있다. 정말 어려운 문제에 봉착할 때가 있다면 틀림없이 좋은 때도 있다. 그 때를 잘 이겨 내기 위해 용기 천사가 필요하다. 그러나 특별히 개인적인 문제일 경우에는 철저한 착수가 반드시 해결을 가져다주는 것은 아니다. 우리의 결점들은 정면으로 맞싸울수록 더욱 강하게 저항할 것이다. 그러면 우리는 계속 우리 결점들과 치고받고 싸울 것이다. 바로 그때 요한 23세의 가벼움이 우리에게 도움을 줄 수 있다. 자기 직무가 주는 무게로 인해 주저앉았던 수많은 선임자들보다 훨씬 쉽게 자기 직무를 받아들였던 바로 이 교종만이 공의회를 소집하고, 그럼으로써 미래의 진로를 미리 확정하는 용기를 낼 수 있었던 것 아닌가.

가벼움이야말로 우리가 자신과 관계를 맺을 때 필요할 것이다. 많은 이가 자신을 동물적으로 엄격하게 다루기 때문에 자신과 진보적인 관계를 맺지 못한다. 그들은 자기 나이에 사실 있어서는 안 될 결점들이 여전히 자기 안에 있는 것을 보면 용서할 수 없다. 그래서 철저하게 그 결점들을 근절하려 든다. 그러나 싸울수록 그 결점들은 더욱 강하게 모습을 드러낸다. 어느덧 그렇게 근엄했던 투쟁자는 힘을 잃고 인내할 일만 남는다. 어쨌든 여전히 자신에게 준엄한 공격을 계속하든지 아니면 싸움을 그만두든지 할 것이다. 하지만 가벼움 천사가 가르쳐 주고자 하는 방법은 좀 다르다. 물론 우리의 결점들에 만족할 수는 없다. 하지만 유머를 가지고 싸워야 한다. 또다시 마음먹은 대로 일이 되지 않더라도, 그것을 그리 비극적으로 받아들일 필요는 없다. 우리의 인간적 실존을 좀 더 가볍게 받아들일 필요가 있다. 우리가 모든 것을 짊어지고 가는 것이 아니며, 하느님이 우리를 당신 손으로 받쳐 들고 가심을 알고 있기에. 모든 것을 스스로 해결해야 한다고 생각하는 사람은 힘들게 자기 책임의 짐을 지고 가며, 자기의 인간적 실존도 어려운 과제로 받아들인다. 가벼움은 경솔이나 부주의를 의미하는 것이 아니다. 오히려 하느님의 선하신 손안에 우리가 있으며, 그분이 늘 우리를 보살피고 계심을 믿는 깊은 신뢰에 기초를 두고 있다. 가벼움은 또한 우리가 그분께 아무것도 내보일 필요가 없다는 것도 잘 알고 있다. 그러므로 마음먹은 대로 일이 되지 않을 때라도, 그것이 그리 나쁜 상황인 것은 아니다. 그분 마음을 상하게 해 드리는 일은 아닐 테니까. 다만 우리 자신의 상상력을 만족시키지 못하는 것에 대해서나 화를 내자.

가벼움 천사는 또한 우리를 서로의 관계를 통해 새로운 자유로 이끌고자 한다. 예를 들어 나같이 수도 공동체 안에 사는 사람은 온갖 것을 그리 심각하게 받아들일 필요는 없음을 알고 있다. 그렇지 않으면 그 사람의 삶은 미묘하게 얽히고 말 것이다. 수도원 안에 있는 우리 역시 어디까지나 사람이다. 물론 이런 공동체에서만 그런 것도 아니다. 아이를 교육하는 모든 어머니도, 언제나 아이의 잘못에 대해 화를 낸다면 아무것도 성취할 수 없다는 것을 알고 있다. 그때도 가벼움이 필요한데, 그 가벼움은 바로, 아이가 틀림없이 초기 단계의 결함을 극복할 것이며 언젠가는 어른이 될 것임을 믿는 신뢰에서 오는 것이어야 한다. 아이는 말 그대로 아이다. 잘못도 할 수 있다. 그리고 자신의 실수로부터 무엇인가를 배워 나갈 것이 틀림없다.

부모의 이런 가벼움을 체험한 아이는 모든 것을 심각하게 받아들이고 아이들 교육을 마치 되도록 완벽해야 하는 박사 학위 논문처럼 이해하는 부모 밑에서 자란 아이보다 훨씬 삶에 대해 신뢰할 수 있게 된다. 완벽하게 교육하려 하는 사람은 대개의 경우 그 반대에 이르게 마련이다.

가벼움은 여기서도 신뢰에 근거를 두고 있다. 즉, 아이는 단지 내 아이만이 아니라는, 그 성장 과정이 나의 '완전한' 교육에만 달려 있는 것은 아니라는, 오히려 하느님의 손안에 있으며 하느님이 모든 아이에게 당신 천사들을 보내어 돌보고 계시다는 그런 신뢰 말이다.

구유 위에서 환호하는 천사들이나 바로크 시대 어느 성당에서나 볼 수 있던 소년 천사상들을 잘 관찰해 보면, 그들이 발하고 있는 어떤 가벼움 같은 것을 감지할 수 있다. 그들은 삶을 우리처럼 심각하게 받아들이고 있는 것 같지 않다. 우리가 꽉 붙들고 있는 것들 위로, 어떤 일이 있더라도 우리가 해결하려고 하는 많은 것들 위로 둥둥 떠 날아다닌다. 예술가들은 천사상을 소년 모습으로 또는 심지어 아기 모습으로 그렸다. 천사들의 가벼움에 관한 무엇을 이해하고서 놀이하듯이 내적으로 자유롭고 즐겁게 그려 낸 것이다. 많은 천사 가운데 가벼움 천사도 우리와 짝지어졌다. 바로 우리 삶에서 무거움을 가져가고, 대신 존재의 가벼움을 전해 주기 위해서.

21

열림 천사

많은 사람이 자기 자신 안에 꼭꼭 갇혀 있어서 만날 수 없다. 그들은 아무도 접근하지 못하도록 갑옷으로 몸을 싸고 있다. 누군가 자기 진짜 얼굴을 발견할세라 가면 뒤에 숨어 있다. 진실한 만남이 두려워서 자신을 드러내려 하지 않는다. 바로 자기 자신의 진실을 마주하기가 두려운 것이다. 열림 천사는 만남의 신비를 열어 보이고자 한다. 자신을 열어 놓고, 마음을 터놓고 남이 들어설 수 있게 할 때만 남을 만날 수 있다. 그런 열린 만남의 원형原形은 바로 루카 복음서 1장에 나오는 마리아와 엘리사벳의 만남이다. 마리아는 길을 떠난다. 집에서, 즉 보호된 영역에서 나와 산을 넘어간다. 바로 우리의 진실한 만남을 종종 방해하곤 하는 선입견의 산, 우리 자신에게서 벗어나려는 것을 가로막는 억압의 산이다. 그런 다음 엘리사벳의 집에 들어가 인사를 한다. 사촌 언니를 밖에서만 만난 것이 아니다. 집 안에, 마음속에 들어가서 만난다. 두 사람은 서로를 위해 열려 있다. 그리하여 그 두 사람을 변화시키는, 곧 하느님께서 만드신 본디 모습과 접촉하게 되는, 만남의 신비가 일어날 수 있게 된다. 엘리사벳의 뱃속 아기가 뛰놀며 그녀 안에 있는 위조되지 않은 하느님의 참모습을 상기시킨다. 그러자 그녀는 마리아에게서 자기 주님의 어머니를 인식한다. 그리고 마리아는 마니피캇 송가를 부르며 자신의 삶의 신비를 깨닫는다. 바로 주님이 당신 여종의 비천함을 굽어보시고 위대한 일을 베푸셨음을. 마리아와 엘리사벳에게서 그 전형적인 모습을 보았듯이, 우리가 서로에 대해 그렇게 열린 자세로 만날 때, 그 만남 역시 우리를 변화시켜 우리 삶의 신비에 눈뜰 수 있게 해 줄 것이다.

열림 천사는 미래를, 곧 하느님이 그대를 두고 계획하신 일을 열어 보여 주고자 한다. 많은 사람이 자기 삶 속에 안주한 채, 하느님이 자기에게 기대하고 계신 새로운 것에 자신을 열어 놓지 않는다. 모든 것이 옛 그대로 머물러 있다. 그런 사람들은 종종 경직되고 만다. 그분이 그대에게 선사하시고자 하는 새로운 가능성에 열려 있어야 한다. 그대가 열려 있을 때만, 옛것에 묶여 있지 않을 때만, 지금 살고 있는 삶 속에 경직되어 있지 않을 때만 그대 안에서 새로운 것이 전개될 수 있다. 이러한 개방적인 태도는 새로운 사상을 받아들이고 새로운 행동 양식을 배우며 일과 가정과 사회 안에서 거듭 다시 새로운 도전을 향해 나갈 준비가 되어 있음을 드러낸다. 열려 있는 사람은 직업 문제에서도 끊임없이 새로운 것을 배우려 한다. 새 기술을 도입해서 새로운 발전을 꾀한다. 열려 있는 사람은 언제나 활기가 있으며 깨어 있다.

다른 사람과의 관계에 열려 있다는 것은 또한 성실과 솔직을 의미한다. 자기 의견을 솔직히 털어놓는 사람에게서는 그가 무슨 생각을 하는지를 알 수 있다. 그렇게 열려 있는 사람들은 우리에게 하나의 축복이다. 그들은 우리들을 두고 이러쿵저러쿵 뒷얘기를 하지 않는다. 그들 가까이 가면 우리도 마음을 열어 놓을 수 있다. 그들의 정직함이 도와줄 테니까. 설사 그들이 우리에게 불쾌한 말을 하더라도, 그것은 우리의 선익을 위한 것임을 우리는 알고 있다. 그들은 의구심이나 선입견을 우정 어린 얼굴 뒤에 감추어 놓지 않는다. 있는 그대로 자신을 보여 준다. 스스로 자유로움을 느끼고 있기 때문에 당당히 진실을 말한다. 그들은 우리의 동의에 매여 있지 않다. 마음속에 고요를 유지하고 있기 때문에, 누군가 그들의 비판을 참아 내지 못하고 돌아서더라도 성실함으로 그것을 감수할 수 있다. 열림 천사는 그런 성실과 솔직을 선사하고자 한다. 그대가 마음속으로 감지한 바를 내적으로 자유로운 상태에서 다른 사람에게 말할 수 있도록. 물론 그런 성실함에는 현명함과 감각력도 필요하다. 그대가 다른 사람에게 해 줄 수 있는 말이 무엇인지, 그 사람의 마음에 쓸데없이 상처만 줄지도 모르는 곳은 어디인지 감지할 수 있어야 한다. 하지만 무조건 모든 사람에게 좋은 평을 들으려는 것에 예속되어 있지 않으므로, 자유롭게 진실을 말할 수 있다. 마리아에게 아들의 출생을 알린 가브리엘 천사를 보라. 예술가들은 이 천사를 통해 열려 있는 모습을 보여 준다. 천사는 그 여인에게 열려 있다. 그녀의 집에 들어가서, 일찍이 들어 보지 못한 새로운 사실을 알린다. 열린 마음으로, 마리아로 하여금 불가능하게 보이는 것에 눈을 뜨게 한다. 열림 천사는 그대에게도 인간적인 만남의 신비에 그리고 그대가 믿게 될 새로운 사실에 눈을 뜨게 해 주고자 한다.

22

냉철 천사

원래 '뉘히테른하이트'Nüchternheit(냉철)라는 말은 수도원에서 사용되던 '노크투르누스'nocturnus(밤의, 야간의)에서 온 말이다. 수도자들이 드리는 축일 전 철야 예배 의식은 세 부분의 야과경으로 나뉘어 있었고, 그것을 위해 수도자들은 세 번 깨어 있어야 했다. 그 예식은 아침 식사 전까지 계속되었다. '뉘히테른' nüchtern(냉철한)은 그 당시 본래는 '아직 아무것도 먹거나 마시지 않은'이라는 의미였다. 아직 아무것도 먹지 않은 사람은 온전히 깨어 있는 사람이며, 그래서 사물들도 있는 그대로 진지하게 받아들일 수 있다. 술을 많이 마시면 정신이 흐려져서 실상을 허상으로만 인지하는 수가 있고, 너무 많이 먹으면 배가 불러 졸리고 이해력이 떨어지기 쉽다. 따라서 냉철은 졸음이나 투사의 안경에 의해 가로막히는 일 없이 사물을 있는 그대로 보는 것을 말한다.

토론에서 그런 냉철이 제대로 자리 잡게 되려면 모든 이가 오직 자신의 감정에 충실히 따를 수 있어야 한다. 어떤 결정을 내려야 하는데, 과다한 자기 관심사나 권력 다툼이나 갈등 관계가 사건의 맑은 시야를 가로막을 때, 그런 냉철은 축복이 될 수 있다. 어느 직공 장인이 결정에 관한 이야기를 내게 해 주었다. 그가 여자 수도원에서 겪은 일이었다. 한 수녀가 노란 커튼을 달자고 했는데, 그것은 자신이 좋아해서가 아니라, 수녀원장이 노란색을 좋아했으며, 또 자신이 싫어하는 다른 수녀들이 무조건 녹색이 좋다고 했기 때문이라는 것이었다. 빈번히 우리의 결정에는 그런 갈등이 새겨져 있다. 바로 그때 무엇이 옳은 것인지 우리로 하여금 분명하게 볼 수 있게 할 냉철 천사가 필요하다. 냉철은 객관적 공정성도 내포한다. 사건을 공정하게 다룰 때, 그 원인도 옳게 평가할 수 있다.

그러나 우리는 자주 사건 자체에 우리의 감정을 섞는다. 그렇게 되면 그 사건을 올바로 볼 수 없으며 갈등을 해결할 수 없다. 모든 이가 마치 스스로의 힘으로는 밖으로 나올 수 없는 늪에 빠진 것처럼 감정 속에서 허우적거리기 때문이다.

그대에게 조언을 구하러 온 사람과 이야기를 나눌 때, 그대에게 자신의 문제나 상처, 언짢은 일이나 실망에 대해 털어놓는 사람과 대화할 때, 그때 냉철 천사가 그대에게 축복이 될 수 있을 것이다. 그때 그대가 함께 감동해서 감정의 늪에 빠져들지 않고 본래 무엇이 문제인지를 냉정하게 밝힐 수 있다면, 그대는 정말 도움을 줄 수 있고 조언을 구하러 온 자로 하여금 자기감정의 안개에서 밖으로 나오도록 이끌어 줄 수 있을 것이다. 냉철은 다른 사람과의 적당한 거리를 요구한다. 연민에 푹 빠져 버리면 다른 사람에게 어떤 길도 보여 줄 수 없다. 아마도 처음에는 그대의 연민이 그 사람에게 유익할지도 모른다. 그러나 삶이 역경에 처했다고 해서 불쌍히 여기고만 있는 것으로는 모자란다. 당연히 동정심은 있어야 하지만, 문제들의 밀림 속에서 길을 찾아내기 위해서는 적당한 거리를 두고 냉정하게 조망할 필요도 있다.

냉철 천사는 그대 역시 도울 수 있다. 그대 자신의 상황을 올바로 평가하도록, 종종 상황을 과장함으로써 그대 자신을 희곡화하기를 그만두도록, 그대 자신과 더 좋은 관계를 맺을 길을 발견하도록. 그대는 맹목적으로 타성에 젖은 나머지 걸핏하면 모든 것을 단지 짜증이나 실망 또는 그대의 상처만을 근거로 바라보게 되는 수가 있다. 그것은 관용적인 해결책을 찾는 그대의 시선을 가로막을 것이다. 냉철 천사의 도움으로 그대 자신의 상황을 명확하게 밝혀서 그 명료함을 인간관계의 갈등과 결정의 갈등이라는 안개 속으로 가져올 수 있기를.

23

용서 천사

용서하고 양해한다는 말은 다소 무르게 들린다. 남이 나를 다짜고짜 때리는 경우가 있을 수 있다. 그런데도 나는 그리스도인으로서 용서 외에 다른 어떤 일도 할 수 없다. 저항할 수가 없다. 나에게 아무리 지독한 적이라도 용서해야 하는 것이다. 용서 천사는 그대를 비천하고 저항력 없게 만들려는 것이 아니라, 그대에게 상처를 주고 그대 마음을 병들게 하는 사람들의 힘으로부터 그대를 해방하고자 한다. 독일어 '페어차이엔' verzeihen(용서하다)은 '차이엔'zeihen(꾸짖다, 나무라다)에서 나왔는데, 누가 다른 누군가를 지적하여 고발하고 죄를 씌우는 일을 나무란다는 의미다. 그러므로 이 말에는 죄지은 것을 따지지 않는다는, 다른 사람의 잘못으로 인해 얻게 된 내 권리를 포기한다는 의미가 들어 있다.

누군가를 용서할 때 그대 자신의 감정을 억압해서는 안 된다. 용서는 언제나 분노의 끝에 있지 시작에 있는 것이 아니다. 용서할 수 있기 위해서는 우선 남이 가한 고통을 허용해야 한다. 상처를 파묻으려 하지 말고 스스로 상처를 입고 아파해야 한다. 그러므로 고통의 자각과 나란히 분노도 필요하다. 분노가 마음 속에서 고요히 그대가 받은 상처 위로 싹트게 내버려두라. 분노는 그대 마음을 상하게 한 사람으로부터 그대를 떼어 놓는 힘이다. 그대를 화나게 하고 상처 입힌 다른 사람을 그대는 분노의 힘으로 그대 마음에서 내쫓을 수 있다. 내쫓은 뒤에야 다음과 같은 생각을 할 수 있다. '그 역시 한 인간일 뿐이다. 그 역시 상처받은 어린아이에 불과하다.' 또는 십자가 위의 예수처럼 이렇게 기도할 수도 있다. "아버지, 저 사람들을 용서하소서. 사실 그들은 무슨 짓을 하는지 알지 못하옵니다"(루카 23,34). 아마 그대는 이런 생각을 할지도 모른다. '그 사람은 나에게 상처를 입힐 때, 내 마음 속에 죄책감을 불러일으킬 때, 비판으로 나의 민감한 부분을 가차 없이 폭로할 때, 자신이 무슨 짓을 하는지 정확히 알고 있었을 거야.' 그는 자신이 무슨 짓을 하는지 알고 있었다. 그러나 그 때문에 실제로 그대가 어떤 상처를 입는지는 미처 모르고 있었다. 그만큼 자기 구조에, 자기의 불안과 절망에 사로잡혀 있기 때문에 달리 어쩔 도리가 없었다. 자신의 위대함을 믿을 수 있는 다른 방도가 남아 있지 않기 때문에 그대를 작은 존재로 만들어야 했다. 열등의식에 갇혀 있기 때문에 다른 사람을 자기가 느끼는 것보다 더 작은 존재로 만들어야 했다. 그대가 이렇게 생각하게 된다면 그 사람은 그대에게 이제 어떤 힘도 행사하지 못할 것이다. 그러므로 그대가 분노에 의해 다른 사람의 힘으로부터 자유로워졌을 때 비로소 정말 용서할 수 있다. 그렇게 되면 그대는 용서가 자신에게 좋은 일이라는 것을, 상처를 준 사람의 힘으로부터 궁극적으로 자신을 해방한다는 것을 감지할 것이다.

정말 용서할 수 있기까지는 종종 오랜 시간이 필요하다. 갑자기 감정을 바꾸려고 해서는 안 된다. 그대의 아버지가 거듭 다시 그대 마음에 상처를 줄 때, 그대에게 우선 필요한 것은 분노다. 분노는 그대를 아버지로부터 떼어 놓을 수 있다. 아마도 처음에는 분노가 더욱 심해져서 아버지의 가치 절하적 태도나 권위주의적 책망이 더 이상 그대에게 미치지 못할 것이다. 그대 안에 상처를 입힌 칼이 아직 박혀 있는 한 그대는 용서할 수 없다. 그 때문에 더 큰 상처를 입을 테니까. 그대는 상처를 헤집을지도 모른다. 어쩌면 그것이 일종의 마조히즘일 수도 있다. 그대는 그 상대방을 정말 그대 밖으로 내쫓아야 한다. 그래야 참으로 용서할 수 있다. 전에는 용서란 말이 단지 자신을 포기하는 것, 즉 지독한 운명에 자신을 넘겨주는 것만을 뜻했는지도 모른다. 그러나 용서는 언젠가는 정말 그 점을 떨쳐 버려야 할 것이다. 많은 사람이 자기에게 상처를 준 사람으로부터 결코 벗어나질 못하고 있다. 결코 용서할 수 없기 때문에. 용서란 다른 사람이 입힌 상처로부터 그대가 자유로워지는 것이다. 그래야 용서가 그대의 상처를 치유한다.

한 강좌에서 참석자들에게, 자기에게 상처를 주었지만 고통과 분노를 지각한 뒤에 용서할 수 있었던 세 사람을 떠올려 보라고 한 적이 있는데, 그때 나는 얼마나 많은 사람들이 여전히 마음을 찌르는 옛 상처 주위에 맴돌고 있는지를 감지했다. 아마 그들에게는 용서 천사가 필요했을 것이다. 상처를 치유받기 위해, 여전히 그들을 결정짓고 있는 사람들로부터 자유로워지기 위해. 용서하지 않은 채 남아 있는 상처는 나를 마비시킨다. 내가 살아가는 데 필요한 에너지를 앗아 간다. 그래서 많은 이가 건강해질 수 없는 것이다. 용서하는 일을 결코 끝내지 못했기 때문에. 그러나 용서 천사는 그대에게 여유를 주고 있다. 그는 과도한 요구를 하지 않는다.

인간 공동생활은 용서 없이 존재할 수 없다. 원하든 원하지 않든 서로 상처 주는 일이 계속 되풀이되고 있기 때문이다. 우리가 서로 상처받은 것을 따지려 한다면, 우리 마음을 해치는 악마들의 활동 영역이 생겨나게 마련이다. 상처를 간과하고 지나간다면, 우리 안에 악감정과 공격심이 생겨나서, 기회가 되면 질책과 비판과 증오의 형태로 다시 분출될 것이다. 그때가 언제든 우리는 다른 사람에게 앙갚음을 할 것이고, 그러면 또 다른 사람에게 죄를 낳게 만들 것이다. 용서 천사는 보복의 악순환을 끊는다. 그는 주위를 정화하여, 상처를 받으면서 또 끊임없이 상처를 주는 우리들도 인간답게 서로 어울려 살아가게 해 준다.

24

자유 천사

우리는 모두 자유를 동경한다. 예속되어 있다는 느낌은 고통이다. 다른 사람들이 우리를 결정할 때, 그들 가까이서는 우리가 그들의 기대를 채워 주는 일밖에 할 수 없을 때, 그것은 우리를 화나게 한다. 그것은 우리의 존엄에 반대되는 것이다. 또는 우리가 감정이나 습관에 의해 지배될 때도 그다지 기분 좋지는 않다. 오늘날 우리는 확실히 표면상으로는 정치적 자유를 누리고 있다. 그러나 공동체 안에서 사실상 많은 이가 부자유를, 외부 사정에 의한 강요를 느끼고 있다. 사회의 기대가 영향을 미치고 있어서 그들은 감히 자리를 박차고 나와 대세의 흐름을 거역할 용기가 없다. 그리고 다른 이들이 자신들에 대한 결정권을 가지고 있다는 인상을 받고 있다. 그런데도 누군가 감히 자기 생각을 자유롭게 말할 용기가 없다. 그는 다른 사람이 자기에게 무엇을 기대하는지, 자기에 대해 어떤 생각을 하게 될지 곰곰이 생각한다. 자신이 원하는 대로가 아니라 다른 이들이 바라는 대로 있으려는 시도를 한다. 그러나 그래 가지고서는 나 스스로 존재하는 사람이 될 수 없으며, 스스로 존재하는 사람이 어떤 사람인지 발견하지도 못할 것이다.

독일어 '프라이하이트'Freiheit(자유)의 인도·게르만어 어원인 '프라이'prai는 보호하다, 아끼다, 기꺼이 좋아하다, 사랑하다라는 뜻이다. 오늘날도 여전히 '프라이어'Freier(준고어로 구혼자, 청혼자라는 뜻)라는 말이 사용되고 있다. 게르만인들은 사랑하기 때문에 보호하는 사람을 자유로운 사람이라 불렀다. 그는 사회에서 자유롭고 전권을 부여받은 사람으로 처세할 수 있었다. 자유롭고 속박받지 않았으며, 자주적이고 행동에 제한을 받지 않았다. 사랑받고 있음을 알 때 나는 자유로움을 느낀다. 그럴 경우 다른 사람의 기대를 좇을 필요가 없다. 내가 있는 그대로 존재할 수 있다. 어떤 사람으로부터 사랑받고 있음을 알 때, 나는 그 사람 곁에서 내가 느끼는 그대로 나를 내어 줄 수 있다. 그때 상대방이 나에 대해 무슨 생각을 하게 될지 끊임없이 걱정할 필요가 없다. 나를 있는 그대로 긍정하리라는 것을 알고 있으니까. 정말 내 존재의 밑바닥에서부터 사랑받고 있음을 안다면, 다른 사람의 기대에 충족하려는 강박에서 자유로워질 수 있을 것이다. 언제나 성공해야 한다는, 언제나 사회의 척도에 상응하는 무엇인가를 보여 줘야 한다는 강박에서 벗어나게 되는 것이다.

그리스어에는 자유에 해당하는 세 낱말이 있다. '엘레우테리아'*eleutheria*는 내가 가고 싶은 곳으로 갈 수 있는 자유다. 행위의 자유다. 내가 옳다고 여기는 것을 행할 수 있고 다른 사람이 만들어 놓은 규정과 기대에 강요당하지 않는다는 의미다. '파레시아' *parrhesia*는 언론의 자유를 말한다. 아마도 그대는 그게 무슨 특별한 것이냐고 생각할지도 모른다. 물론 민주주의에서는 그대가 생각한 것을 말할 권리가 있다. 그러나 얼마나 자주 그대는 다른 사람의 생각을 좇고 있는가! 나는 우수한 성적 증명서를 가졌으며 재능도 있는 한 인재를 알고 있다. 그러나 그는 어떤 일자리도 찾을 수 없었다. 모든 면접에 앞서, 이런 말을 하면 인사부장이 무슨 생각을 할지, 또는 저런 말을 하면 자기더러 신경증적인 사람이라고 생각하지 않을지, 아마도 천 번쯤은 숙고했기 때문이다. 그는 말에서 자유롭지 못했다. 있는 그대로의 자신을 보여 줄 수 있을 때, 우리의 진실을 다른 사람 앞에서도 표현할 수 있을 때, 비로소 우리는 자유로워지는 것이다. 셋째 개념인 '아우타르키아'*autarkia*는 자치와 자율을 의미한다. 나는 내가 무엇을 원하는지, 무엇을 얼마나 먹을지, 언제 포기하고 단식할지 스스로 결정할 수 있다. 여전히 나를 지배하고 있는 이러한 내면적 자유의 느낌은 본질적으로 인간 존엄에 속한다. 오늘날 많은 이가 자기 욕망에 따라 움직이고 있다. 그때 자유 천사가 그들을 도와 격려하고 자유롭게 자신을 다룰 수 있게 할 것이다.

한 여자가 한 남자를 사랑하게 되었다. 그러나 남자는 여자에게 아무 관심도 없었다. 그녀는 관계가 좋아질 가망이 없음을, 그러므로 자신만 상처받을 뿐임을 알고 있었지만, 그럼에도 그에게서 벗어날 수 없었다. 그런 경우 그녀에게도 자유 천사가 필요하다. 그녀에게 다시 자신의 존엄을 선사할, 즉 그녀 자신으로 충분히 가치 있으며, 그 남자의 뒤를 쫓을 필요가 없다는 자각을 선사할 천사가 필요하다. 또 다른 이를 보자. 그는 결혼 생활에서, 가정에서, 공동체에서 속박과 부자유를 느끼고 있다. 숨 쉴 공간이 없는 것이다. 그런 사람에게도 자유 천사가 필요하다. 답답한 곳에서도 여전히 자유로움을 느낄 수 있는 내면의 자유를 선사할 천사가. 내면의 자유는 어느 누구도 나의 진정한 자신을 마음대로 처리할 수는 없다는 것을 말해 준다. 우정에 대해서도 자주성을 선사한다. 나는 다른 사람을 기준으로 정해지지 않는다. 나는 언제나 여전히 나 자신이다. 우정이나 결혼 생활이 잘 이루어질 수 있기 위해서는 그런 자유가 필수적이다. 두 사람이 서로에게 집착하고 있을 때, 상대방이 지금 무슨 생각을 하고 있는지 늘 확인해야 하는 사이일 때, 그러한 협착한 상태에서는 성숙한 관계가 자라날 수 없다. 어떠한 내적 결합에서라도 여전히 나에게는 자유가 필요하다. 나는 자유 안에 묶여 있다. 그리고 그 묶임 안에서 나는 자유롭다. 내 안에 어느 누구도 마음대로 처리할 수 없는 나만의 공간이 있는 것이다. 자유 천사가 그대에게 그러한 내면의 자유를 선사하기를, 그럼으로써 그대 자신을 진실로 자유로운 사람으로 느끼고 올곧게 살아갈 수 있기를.

25

이별 천사

이별은 괴롭다. 사랑하게 된 사람에게 이별을 고해야 한다는 것은 가슴을 찢는 아픔일 수 있다. 그럼에도 이별은 있게 마련이다. 우리는 타인을 붙들어 둘 수 없다. 그는 자기 길을 가길 원하고, 또 자신의 삶을 성취하기 위해 그 길을 가야 한다. 우리는 살아가면서 수많은 이별을 경험한다. 다른 지방에 가서 공부하길 원하거나 또는 다른 곳에서 일자리를 찾았기 때문에 친숙했던 주위 환경과 작별해야 할 때도 있다. 모든 변화는 이별을 요구한다. 그리고 정말 새로운 일을 시작할 수 있을 때만, 우리 안에 새로운 것이 자라날 수 있을 때만 이별은 성공적일 수 있다. 많은 이가 자기와 친한 모든 사람을 붙잡아 두고 싶어 한다. 우정을 지속해 나가고 싶은 것이다. 그러나 얼마 동안만 좋은 관계로 있는 우정도 있다. 그런 경우 그 관계는 그저 끌고 있는 것에 불과하다. 의무감에서 아니면 상대방에게 상처를 주지 않기 위해서 유지해 가는 것이다. 그러나 그들은 더 이상 호흡이 맞지 않는다. 정말 이별을 받아들여야 할 때가 온 것이다. 그때는 떳떳하게 상대방을 대해야 한다. 그리고 그가 새롭게 올바른 방향을 찾아 나설 수 있다는 것을 믿어야 한다. 그래야 나도 자유롭게 새로운 일을 시작할 수 있다.

어떤 이별은 특별히 더 고통스럽다. 일생을 함께하고자 다짐했던 배우자나 여자친구와의 이별이 그러하다. 오늘날 많은 이가 그런 고통스러운 이별의 길을 걷고 있다. 우정이 깨지고 결혼이 파탄난다. 서로 상처만 주게 되어 결국 삶을 지옥으로 만들고 말기 때문에. 그런 경우 많은 이가 진정으로 이별을 실행하는 대신에 변호사를 내세워 이혼을 관철하기 위해 싸우느라 서로 더욱더 공격적으로 되어 버린다. 사랑이 미움으로 변한 것이다. 부부 문제 심리치료 전문가들이 그런 상황에서 예의 있는 이별이 이루어질 수 있도록 이별 의식을 개발했다. 예컨대 함께했던 행복한 경험들을 모두 다시 한번 말로 표현해 보는 것, 서로 선물해 준 모든 것에 대해 상대에게 감사하는 것 등이다. 그런 다음에야 그럼에도 우리가 왜 헤어져야 하는지를 말한다. 그렇게 되면 자기 생의 가장 괴로운 해를 자신과 상대방 앞에서 배제하는 일 없이 각자 자신의 길을 걸어갈 수 있다. 서로를 감사하는 마음으로 받아들인 다음 쓸쓸함이나 책임 전가나 극단적인 자기비판 없이 자유롭게 자기 길을 갈 수 있다.

그러나 이별이 반드시 사람에게만 적용되는 것은 아니다. 습관이나 생애 한 시기 그리고 삶의 틀과도 이별을 고해야 한다. 유년 시절과의 이별을 받아들이지 못한 사람은 늘 주위 환경에 대해 유치한 소망을 갖게 된다. 사춘기와 작별하지 못한 사람은 자기 삶에 대한 환상 속에 사로잡히기 십상이다. 어른이 되기를 바란다면 청년기와 작별해야 한다. 결혼하기를 원한다면 독신 생활과 이별해야 하며, 나이 들어 늙으면 직업과도 이별해야 한다. 그러나 무엇보다도 우리 인생사 속의 상처들과 이별해야 한다. 많은 사람이 어린 시절의 상처에 여전히 집착하고 있기 때문에 잘 살아갈 수 없다. 그들은 아직도 부모를 비난한다. 자기들을 그렇게 편협하게 교육했다는 것에 대해, 또는 자기들의 요구를 제대로 들어주지 않았다는 것에 대해 불만을 가지고 있는 것이다. 내가 바로 지금 여기서 의식적으로 살아갈 수 있기 위해서는 어린 시절의 상처들과 작별해야 한다. 지금 여기의 내 삶에 책임을 져야 하는 것이다. 그러면 어린 시절과 똑같이, 부모에게서 물려받은 것을 가지고 이제는 무엇인가를 이루어 낼 수 있다. 어느 누구도 좋은 경험만이나 나쁜 경험만을 가지고 있지는 않다. 온갖 상처에도 불구하고 우리는 부모로부터 건강한 뿌리도 함께 받았다. 그러나 그것은 부모와 의식적으로 작별했을 때라야 발견할 수 있다.

이별 천사는 그대의 삶을 힘들게 했던 옛 삶의 틀과 작별하도록 돕고자 한다. 예컨대 모든 것을 통제하도록 강요하는 완벽

주의의 틀, 또는 언제나 자기 잘못을 찾거나 자기 가치를 깎아내리도록 몰아대는 자해의 틀이 그것이다. 아직도 어머니를 자기 가치 실현의 기준으로 삼고 있는 틀에서 벗어나야 한다. 어쩌면 그 사이에 그 대상이 어머니에서 학교나 교회로 변했을지도 모른다. 그대가 온 힘을 다 쏟아부었던 학교나 교회로. 그러나 그대가 좇고 있는 것은 여전히 낡은 틀이다. 옛 삶의 틀과 작별하지 못한다면, 어쩔 수 없이 자신이나 다른 사람에게 상처를 주거나 무의식적으로 어린 시절의 상처가 지속되는 상황을 찾아내려는 태도를 보이게 된다. 그럴 경우 아버지와 똑같이 우리의 가치를 무시하는 어른을 찾게 되며, 그런 다음 어머니와 똑같이 우리를 거두어 주는 여자친구를 찾게 될 것이다. 이별 천사는 그대가 그대의 과거와 옛 삶의 틀에게 이별을 고하도록 도와주고자 한다. 그럼으로써 그대가 온전히 순간에 충실하게 살아갈 수 있도록, 그대 안에 내재하는 감수성을 현실화할 수 있도록, 그대 안에 새로운 것과 예감하지 못했던 것이 자라날 수 있도록.

26

슬픔 천사

'상'喪이라는 말에서 즉시 생각나는 것은 죽은 사람에 대한 애도다. 그것은 분명 슬픈 일 중에서도 중대한 경우다. 사랑하는 사람, 이를테면 아버지나 어머니의 죽음에 대한 애도를 간과하고 지나간 사람은 자기 삶의 흐름을 봉쇄해 버린 사람이다. 그는 자기가 왜 제대로 기뻐할 수 없는지, 무엇이 자기 영혼을 짓누르며 자기 삶을 방해하고 있는지 알지 못한다. 바로 그 슬픔을 제대로 살지 못한 까닭이다. 슬픔 속에서 우리는 그 사람의 죽음이 우리 삶에 가져다준 상실에 대해 의식적으로 깊이 생각하게 된다. 그러면서 그 사람과 우리와의 관계를 다시 한번 관조한다. 그와 함께 체험했던 모든 것을 떠올리며 그가 우리에게 어떤 의미였는지, 그가 우리에게 선사한 것이 무엇이었는지를 기억한다. 또한 그와 함께 살면서 겪었던 어려운 일, 그가 우리에게 주었던 고통, 미처 해명하지 못했던 것과 입 밖에 내지 못했던 것도 그냥 넘어갈 수 없다. 많은 이들이 상중에 어떻게 그런 분노의 감정이 일어날 수 있는지 스스로 놀라곤 한다. 하지만 그런 일은 있을 수 있다. 슬픔은 우리의 관계를 규명하여 새로운 영역 위에 올려놓는다. 슬픔을 철저하게 겪고 나면 죽은 사람과 새로운 관계를 세울 수 있고, 그렇게 되면 그는 우리에게 어떤 내적인 동반자가 될 것이다. 그는 단순히 사라지지 않는다. 때때로 꿈을 통해 찾아오기도 한다. 그때 그는 우리를 계속 돕겠다는 말을 할 수도 있다. 혹은 그가 말했던 것 중에서 뭔가 우리에게 필요한 것이 있을 것이라고 간단히 상기시킬 수도 있다. 슬픔을 통해 우리는 그 사람이 정말 어떤 사람이었는지를 발견한다. 그가 살아 있는 동안에는 늘 그의 일부분만을 알고 있었다. 다른 부분은 그의 가면 뒤에 감추어져 있었다. 그러나 이제 우리는 그가 본래 자기 삶으로 무엇을 말하려 했는지, 그의 가슴속 가장 깊은 곳에 있던 동경이 무엇인지, 자기 삶으로 어떤 소식을 전달하고자 했는지 알고 있다.

슬픔 천사는 그러나 단지 죽은 이에 대한 올바른 애도만을 가르치고자 하지는 않는다. 지나간 것과 해결되지 않은 것에 대한 일을 끝마치고 그것을 뛰어넘도록 하는 비결을 가르치고자 하는 기회들이 얼마든지 있다. 이때의 슬픔이란 제대로 살지 못한 모든 삶에 대한 슬픔을 말한다. 많은 사람들에게서 나는 자신의 삶을 기만했다는 느낌을 갑자기 받은 적이 있다는 이야기를 들었다. 실제로 자기가 원한 삶을 살지 못했다고. 부모와 교사에 의해 자기에게 별로 유익하지 못한 방향으로 억지로 떠밀리는 삶을 살았다고. 혹은 어린 시절에 실제로 결코 진정한 보호를 받은 적이 없다고. 그런 인식들은 큰 고통이며, 슬픔에 빠지지 않을 수 없게 만든다. 나아가 그런 인식들이 더욱더 지배하여 모든 사고와 행위 속에 은밀하게 섞여들면, 왜 우리가 일정한 상황에서 그렇게 민감한 반응을 보이거나 그렇게 경직되는지 전혀 깨닫지 못하게 되고 만다. 그것이 바로 삶이 우리에게 마련해 놓은 실망에 대해 제대로 살지 못한 슬픔이다.

그러나 우리에게 유년 시절의 실망만 있는 것도 아니다. 거듭 다시 우리는 어떤 관계가 깨지는 것을, 우리 삶의 파편 무더기 위에 앉아 있음을 체험하고 있다. 우리는 실패했다고. 우리가 실현하고자 했던 이상들은 모두 환상으로 드러났고, 이제는 실망과 환멸을 느끼며 그냥 주저앉아 있다고. 어떤 사람이 언젠가 깨진 어떤 관계에 대해 이야기하면서, 마치 사람들이 자신의 날개를 잘라 버린 듯한 느낌을 받았다고 말한 적이 있다. 바로 그런 때에 슬픔 천사는 날개를 움직이지 못한 채 삶을 살아가는 것으로부터 그대를 보호해 주고자 한다. 새로운 날개를 달아 주어, 그대가 공중 위로 높이 떠올라 가서 좌절한 삶을 내려다볼 수 있도록 도와주고자 하는 것이다. 그는 또한 지금 그대에게 주어진 과제와 맞설 수 있도록 새로운 활기를 주고자 한다. 그밖에도 슬픔 천사는 각각의 슬픔이 우리에게 가져다준 고통으로부터 그대를 보호해 줄 수 있다. 그대는 고통과 맞서야 한다. 그러면 결코 그대 혼자만이 고통을 겪고 있는 것이 아니며, 슬픔 천사가 동반하여 그대의 고통을 새로운 생명력으로 변화시킨다는 사실을 확신할 수 있을 것이다. 아마 슬픔 천사는 슬픔 중에 있는 그대 편에 서서 그대를 이해하고, 그대와 함께 느끼며, 지금 그대에게 새로운 가능성으로 나타나는 것에 대해 눈을 뜨도록 도와줄 사람도 보내 줄 것이다.

27

변화 천사

천사들은 다양한 옷들을 입고 온다. 변장술을 자유롭게 구사한다. 그래서 우리와 길을 함께 걷는 사람으로 곧잘 둔갑을 한다. 우리 상처를 치료해 주는 의사로, 신경증적인 구조 안에 얽혀 있는 우리를 거기서 꺼내 주는 심리 치료 전문가로, 죄책감에서 해방해 주는 사제로 변한다. "천사들은 예기치 않은 때에 찾아온다네"라고 한 대중가요는 노래한다. 그처럼 때로는 그대의 모든 것이 새로운 빛을 띠고 있다고 말해 주는 남자친구나 여자친구이기도 하고, 때로는 그대를 바라보며 그대가 계속 씨름하는 문제들이 얼마나 하찮은 것인지를 보여 주는 어린아이이기도 하다.

천사들은 변화의 예술가들이다. 당연히 변화 천사는 그대를 변화의 신비로 이끌고자 한다. 그대가 늘 활기 있게 살아가길 원한다면, 거듭 변해야 한다. 변하지 않는 것은 경직된다. 융Carl Gustav Jung은 언젠가 변화의 가장 큰 적은 성공적인 삶이라고 말했다. 그런 경우에는 만사가 형통이라고 여겨 변화할 필요를 느끼지 않기 때문이다. 그런 사람은 내적으로나 외적으로나 정지해 있다. 이미 20년 전부터 말해 온 똑같은 상투어를 반복하며, 늘상 사용해 온 똑같은 해결책 위에 주저앉아 있다. 그리하여 그들은 재미없는 사람들이 되고 말았다. 사람들은 그들과 이야기하기를 별로 즐거워하지 않는다. 그들의 말과 사고가 식어 버린 커피처럼 맛이 없어진 것이다.

변화 천사는 그대가 자신을 가혹하게 다루는 것을 막고자 한다. 많은 이가 자기는 좀 고쳐져야 한다고 생각하지만, 고친다는 행위 안에 흔히 자신에 대한 강한 거부와 냉혹함이 감추어져 있다. 이를테면 있는 그대로의 나는 그다지 훌륭하지 못하니까 달라져야겠다고. 나의 결점들, 민감성과 불안과 불끈거리는 성미에서 기어이 벗어나야겠다고. 그렇게 변화시키려는 행위 안에는 나의 오류와 약점들은 모두 나쁜 것이라는 관점이 박혀 있다. 변화 천사는 그대 안에 있는 모든 것이 좋은 것이며 모든 것이 그대 안에 존재할 수 있음을 알려 주고자 한다. 그대 안에 있는 모든 것이 각기 의미가 있지만, 역시 변화가 필요하다는 얘기다. 불안은 좋은 것이다. 그것은 종종 그대가 삶에 대해 근본적으로 잘못된 견해를 가지고 있음을 보여 준다. 아마도 그대는 모든 것을 완벽하게 해내야 하며, 어떤 실수도 허락할 수 없다고 생각할지 모른다. 그럴 때 불안은 그러한 생활 태도 자체가 해롭다는 사실을 보여 주면서 더 인간적인 길을 걸으며 살도록 초대할 것이다. 분노 역시 좋은 것이다. 그대가 그것을 허용하고 관찰하며 실상을 규명하려 할 때, 분노는 새로운 활기로 변할 수 있다. 그러면 아마도 그대가 종전까지는 단지 다른 사람들만을 좇아서 살아 왔다는 것을 보여 줄 것이다. 이제 그대는 마침내 스스로 살고 싶어 한다. 그처럼 분노는 새로운 삶의 에너지로 변할 수 있다.

변화의 신비를 담고 있는 동화들이 많이 있다. 거기서는 사람이 동물로, 동물이 사람으로 둔갑한다. 동화 속에서는 모든 것이 다 변할 수 있다. 그것은 그대 안에 있는 어떤 것에도 놀랄 필요가 없다는 것을 보여 준다. 그대 안에서도 모든 것이 변할 수 있다. 여기 변화의 신비를 묘사하는 아름다운 동화가 하나 있다. 세 가지 언어에 관한 동화인데, 자기 아버지가 바라는 것은 배우지 않고 오히려 짖어 대는 개들과 개굴개굴 우는 개구리들과 지저귀는 새들의 언어를 배우는 한 젊은이의 이야기이다. 그가 유랑 중에 어느 성에 이르렀을 때, 성주가 그에게 제공하는 잠자리라고는 이미 많은 사람들을 삼켜 버린 사납게 짖어 대는 개들이 살고 있는 탑뿐이다. 그러나 그는 아무 걱정도 하지 않는다. 물론 개들의 언어를 알고 있으니까. 개들은 보물을 지키고 있기 때문에 그렇게 사납게 짖었던 것이라고 그에게 털어놓는다. 그리고 보물을 가리키며 파내도록 도와준다. 그런 다음 개들은 사라지고 마을은 평화를 되찾는다. 내가 보기에 이 동화는 아름다운 비유다. 곧, 그대의 주된 문제가 있는 곳에, 그대가 마음속으로 가장 많이 시달림을 받고 있는 곳에, 그대의 아픔이 있는 곳에, 바로 그곳에 그대의 보물도 있다는 의미다. 그곳에서 그대는 진정한 자신과 접촉할 수 있다. 이 동화는 그대 안에 있는 모든 것이 저마다 의미가 있음을 보여 주고자 한다. 그대가 늘 만족하지 못하고 어떤 불만과 언짢은 감정을 가지고 있다 해도, 그 때문에 그대 자신을 거부해서는 안 된다. 오히려 그러한 감정들이 어떠한 보물을 가리켜 주려 하는지를 그대 자신에게 물어보라. 그대가 그 보물을 파내었을 때, 그대의 진정한 자신을 발견했을 때, 그러한 감정들은 변할 것이다. 그때 갑자기 그대는 마음이 편안해 옴을 느낄 것이다. 그리고 짖어 대는 개가 그대로 하여금 숨겨진 보물을 향해 주의 깊게 나아가도록 도와준 것에 대해 감사할 것이다. 변화 천사는 그대 안에 있는 모든 것을 온화한 눈길로 바라보도록 용기를 북돋아 주고자 한다. 그대 안에 있는 모든 것은 점점 더 온갖 것을 거쳐 가면서, 그대의 위조되지 않은 순수한 모습이 빛을 발할 때까지 변화하고자 하는 바탕이기 때문이다.

28

감격 천사

　　　　　　무엇인가에 감격할 수 있는 사람들에게서는 늘 신선함이 발견된다. 그들은 자기 일을 어떻게 하면 다른 모양으로 꾸밀지에 대해 번쩍이는 아이디어를 가지고 있다. 그리고 그런 아이디어를 생각해 낸 것에 감격한다. 또는 휴가를 즐길 때도 아름다운 경치를 보면 완전히 도취된다. 친구들과 더불어 즐겁게 이야기를 나누며 보낸 어느 날 저녁에 대해 감격하며, 처음 찾아나서는 새로운 길에 대해 감격한다. 그뿐 아니라 자기들의 감격으로 다른 사람까지 감격할 수 있게 만든다. 그들이 겪는 모든 것이 강렬한 체험으로 남는다. 구름 사이를 뚫고 빛나는 태양이 얼마나 아름다운지, 골짜기 위로 솟아오른 산이 얼마나 기묘한 자태를 뽐내는지, 서로 주의를 환기한다.

　　그에 반해 더 이상 아무것에도 감격할 수 없는 사람들도 많다. 그들은 휴갓길에 줄곧 차를 타고 앞으로 앞으로 나아간다. 그러나 여행이 어떻더냐고 물으면 그들이 즉시 떠올리는 것들은 식사가 형편없었다느니, 호텔의 서비스가 맘에 들지 않았다느니 따위다. 결국 그들이 무엇인가를 느끼기 위해서는 더욱더 외부로부터의 인상이 필요하다. 그러나 차를 타고 더 멀리 떠나갈수록, 휴가를 위해 더 많은 돈을 쓸수록, 그들이 체험하는 것은 더욱 적어지고 삶에 대한 느낌도 점점 줄어들 것이다. 그들은 자기 안에 아무런 삶도 가지고 있지 못하기 때문에 밖에서 삶을 찾으려 들지만, 그러나 외부에서 체험한 것 역시 자기 안에 들여놓지 않는다. 그렇기 때문에 그들은 결코 실상과 일치하는 강렬한 삶을 살 수가 없는 것이다.

'베가이스터룽'Begeisterung(감격)이란 말은 '가이스트'Geist(영)에서 나왔다. 고대 고지 독일어에서 '가이스트'는 흥분과 감동을 뜻했다. 17세기에 들어서야 비로소 '베가이스터른'begeistern은 '생명을 주다, 활기를 띠게 하다, 영으로 충만하다'라는 뜻을 받아들였다. 감격할 수 있는 사람은 말 한 마디, 눈길 한 번, 만남 하나에 마음이 사로잡힌다. 거니는 숲, 오르는 산, 아름다운 풍경을 한 번 흘끗 바라보는 것도 마음을 흥분시키기에 충분하다. 평소의 교양 있게 삼가는 태도에서 갑자기 벗어나, 넋을 잃고 음미에 몰입하는 것이다. 그리스인들은 이를 두고 자기를 벗어나 있는 상태인 '무아'와 하느님 안에 있는 상태인 '감격'에 대해 말한다. 감격할 수 있다는 것은 결국 모든 것 안에서 나를 만나시는, 즉 피조물 안에서, 사람 안에서, 온갖 말들 안에서, 음악 안에서, 미술 안에서 나를 만나고 계신 그분 안으로 들어감을 의미한다. 그런 다음 나는 하느님 안에서 비로소 인간과 자연과 예술의 온갖 신비를 체험할 수 있게 된다. 그때 내게 전체 심연이 열리고, 마침내 모든 것 안에서 그분을 접촉하게 되는 것이다.

감격할 수 있는 사람은 다른 사람도 감동시킬 수 있다. 그런 사람들에게서는 활력이 넘쳐 난다. 그들과 함께는 무엇인가에 대해 한탄하며 앉아 있는 저녁이란 없다. 그들은 감격으로 용솟음친다. 무엇인가 아이디어를 떠올리며 우리를 감격시키고 싶어 한다. 그리고 자신들이 체험한 것에 대해 열광적으로 이야기한다. 그러면 이미 거기에는 활기와 신선함이 숨 쉰다. 그때 대화는 단순히 종알대며 깊이 없이 흐르지 않는다. 점점 더 긴장감이 감돌게 된다. 계속해서 새로운 아이디어, 새로운 계획들이 생겨나고, 우리 안에 삶에 대한 의욕이 새로이 깨어난다. 그때 우리는 갑자기 음악회나 전람회를 찾아가고 싶은, 또는 어떤 길을 거닐고 싶은 충동이 생긴다. 감격할 수 있는 사람들은 이렇게 우리에게 생기를 주고 영으로 충만해지게 한다.

감격 천사가 그대에게 능력을 주어, 그대가 만난 것, 체험한 것, 그대가 존재하고 있는 것에 대해 열광하고 감동할 수 있기를. 그리고 다른 사람에게 감동을 줄 수 있기를. 어떤 아이디어나 계획으로 사람들을 감격시키고 생기를 주며 영으로 충만하게 해 줄 수 있기를. 감격 천사는 그대에게 생에 대한 기쁨을 선사할 것이며, 그대 자신을 그대가 만나는 사람들을 위한 감격 천사로 변화시킬 것이다.

29

치유 천사

치유(Heilung)라는 말을 들으면 즉시 질병에 대한 치료나 건강 문제를 생각하게 된다. '하일'heil이라는 형용사의 본래 의미는 온전하다는 뜻이다. '건강한, 손상이 없는, 구원된, 흠 없는, 완전한, 신선한, 쇠약해지지 않은'이라는 의미를 담고 있다. 그 명사(Heil)는 '행복, 건강, 치유, 구원, 원조'의 뜻이다. 치유 천사는 그대의 삶이 성공할 것이라는, 온전하게 이루어질 것이라는 희망을 주고자 한다. 그대 내면에 있는 모든 것을 받아들일 수 있도록, 그대에게 일어나는 모든 것에 대해서 "예"라고 답할 수 있도록, 그대가 "그것은 그것대로 좋은 것이다"라고 말할 수 있도록 희망을 주고자 한다.

그런 말을 할 수 있기 위해서는 먼저 상처가 치유되어야 한다. 우리 모두는 자기 안에 상처가 있다. 우리는 부모에게 마음의 상처를 받았다. 비록 그들이 좋은 뜻으로 그렇게 했다 하더라도. 우리가 유일한 존재로 진지하게 받아들여지지 않았을 때, 우리의 욕구와 감정들이 단순히 무시되었을 때, 사랑과 안전, 안심과 신뢰에 대한 기본욕구가 충족되지 않았을 때, 그때 우리는 상처를 받았다. 반 아이들 앞에서 우리를 조롱거리로 만든 교사에 의해, 또는 지옥에 대한 두려움을 심어 준 사제들에 의해 우리는 상처를 받았다. 또는 여자친구나 남자친구가 자신을 이해하지 못하고 민감한 부분을 찌르거나 옛 상처를 건드렸을 때도 상처를 받았다. 그러한 그대에게 치유 천사는 "그대의 상처들은 치유될 수 있고, 그러면 그대는 온전하게 될 것이다"라고 말하고자 한다. 물론 치유되었다고 해서 더 이상 상처를 못 느끼게 되는 것은 아니다. 치유란 오히려 상처가 영구히 곪은 상태로 있지는 않고 그 위에 딱지가 앉는 것을 뜻한다.

그러고 나면 그것은 그대의 삶을 방해하는 일 없이 그대의 것이 된다. 더 이상 그대의 모든 에너지가 그 상처에 쏠리지 않는다. 그렇다, 오히려 그대를 생기 있게 유지시키고, 삶의 원천이 되어 준다. 빙엔의 힐데가르트Hildegard von Bingen가 말한 것처럼, 그대의 상처는 치유 천사에 의해 귀중한 재산으로, 값진 진주로 변한다. 왜냐하면 상처가 있는 바로 그곳에서 그대는 주위 사람들에게 마음을 열어 놓게 되고, 그들이 자신들의 상처에 대해 이야기할 때도 그곳이 바로 그대가 세심하게 반응하는 장소가 되기 때문이다. 그곳에서 그대는 그대 자신과, 진정한 자신과 접촉하게 된다. 치유 천사가 그대에게 희망을 선사해 주기를. 즉, 그대의 상처가 모두 치유될 수 있으리라는, 그대가 상처받은 역사에 좌우되지만은 않으리라는, 그대의 상처가 이제는 삶을 방해하지 않게 되었으므로 그대는 온전히 현재에 충실하게 살 수 있으리라는 희망을. 상처는 그대에게 오히려 삶에 대한 능력을 줄 것이다. 치유 천사가 그대의 상처를 생명력의 샘, 그대와 다른 이를 위한 축복의 샘으로 변화시킬 것이므로.

치유 천사가 상처를 치유하면, 그대 자신도 다른 이들을 위한 치유 천사가 될 수 있다. 그러면 다른 이들은 그대 곁에서 편안함을 느낄 것이다. 자신들의 상처를 그대에게 보여 줄 수 있다는 것을, 그대가 그 상처를 이해해 주며 평가하지 않고 있는 그대로 받아들일 것을 예감하는 것이다. 그들은 또한 그대에게서 치유의 분위기가 풍겨 나옴을 감지한다. 그대는 자신의 상처를 그들에게 투사하지 않는다. 그대의 문제를 다른 이에게 믿게 하려고 설득하는 게 아니라 솔직하게 털어놓는다. 그러면 그들도 자신이 병들어 있거나 울기를 잘하는 사람이라고 규정될까 봐 걱정하는 일 없이 자기 상처에 대해 그대에게 말할 수 있다. 왜 그렇게 사람들이 그대에게 다가오며, 왜 그렇게 솔직하게 자기 얘기를 그대에게 털어놓는 것일까? 그것은 분명 치유 천사가 그대의 상처를 변화시켜, 그대 안에 그리고 그대를 통해 다른 사람들에게도 이렇게 전달하고자 하기 때문이다. "그대는 있는 그대로 훌륭하고 온전하며 건강하다. 그대의 상처도 치유될 수 있다."

30

신의 천사

신의信義란 오늘날 더 이상 인기 있는 말이 아니다. 너무나 많은 사람들이 신랑 신부로서 영원한 신의를 맹세했건만 얼마 지나지 않아 그 결혼이 깨지고 만다. 많은 이들이 자기 자신과 자신의 감정에 대해 보증할 수 없음을 정확히 알고 있기 때문에, 한 사람에 대한 충실에 묶이기를 두려워하고 있는 것이다. 그럼에도 우리는 충실하게 우리 편에 서서, 우리를 보호하고 안전을 베풀어 줄 사람을 갈망한다. 다른 사람의 신의를 갈망하는 것은 어찌 보면 신의를 지킬 수 있는 자신의 능력을 의심하는 것과 상통한다고 할 수 있다.

독일어 '트로이'treu는 본래 '강한, 나무처럼 견고한'이라는 의미다. 우리는 종종 자신에게서 쉽사리 넘어뜨릴 수 없는 뿌리 깊은 나무와도 같은 확고함을 느끼지 못하기 때문에, 서로에게 그렇게 충실할 수 없다는 두려움을 가지고 있다. 즉, 우리가 우리 자신을 보증할 수 없다. 신의란 원칙이나 과제에 충실함을 의미하는 것이 아니다. 오히려 의무의 이행이라고 해야 맞다. 신의란 결국 한 인격에 대해 변함없는 태도를 지켜 나가겠다는 충실을 가리킨다. 신의는 사랑을 전제한다. 사랑하는 사람에 대해서만 신의 있게 머물러 있을 수 있다. 신의 속에는 내가 사랑하는 사람을 믿고 그에게 모든 것을 걸 수 있다는, 그리고 나와 결합되어 있는 사람의 소리를 언제나 들을 준비가 되어 있다는 동경이 감추어져 있다. 신의는 정적인 태도가 아니라 한 사람과 함께 한길을 걸어가겠다는 준비이며, 나 자신의 온갖 변화를 거쳐 결국에는 충실하고 신뢰성 있게 머물겠다는 약속이다. 신의를 통해 나는 미래의 나를 확립할 수 있으며, 생의 온갖 우발적 사건을 겪고 나서야 나 자신을 쟁취할 수 있다. 독일 철학자 볼노Otto F. Bollnow가 말했듯이, 인간은 신의를 통해 비로소 자기 자신에 이를 수 있고, 끊임없이 변화하는 삶 속에서 자기 본래의 불변의 인격을 발견한다.

다른 사람에게 신의를 약속할 때 우리는 결코 우리 자신을 보증할 수 없으며 보증해서도 안 된다. 나는 수도서원을 통해 나의 수도원 공동체에 대해 충실할 것을 약속했다. 하지만 언젠가 내가 사랑에 빠져 더 이상 이 수도 공동체에서 살 수 없게 될지도 모르는데 무슨 보증을 할 수 있겠는가. 그럼에도 하느님은 충실하다 하셨으니, 그분 약속에 나는 의탁하는 것이다. 티모테오에게 보낸 둘째 서간에 내게 가장 위안이 되는 대목이 있다. "우리는 진실하지 못하더라도 그분은 한결같이 진실하시니, 그분은 자신을 배반할 수 없는 분이시로다"(2티모 2,13). 내가 충실하지 못하게 될 때조차 그분은 나에게 충실하게 머물러 계시다는 것이 내게 확신을 준다. 그것은 곧 내 삶에 내적·외적 균열이 생기든 아니하든 변함없이 내 삶은 성공하리라는 확신이다. 그리하여 그것은 공동체에 대한 충실 속에 나 자신이 묶인다는 두려움을 내게서 앗아 간다.

우리가 어떤 사람을 신의 있는 사람이라고 말할 때, 단지 혼인 관계에 충실하며 바람을 피우지 않는 부부만을 생각지는 않는다. 오히려 믿고 의지할 수 있는 사람들을 생각한다. 그렇다고 끊임없이 그들을 얻으려고 애쓸 필요는 없다. 그들은 충실하게 우리 편에 있으며, 그 사실이 우리를 흐뭇하게 만든다. 오랫동안 소식을 듣지 못했더라도, 그들을 믿을 수 있음을 우리는 알고 있다. 또는 적어도 1년에 한 번은 우리에게 편지를 보내고, 그 일을 이미 수십 년 넘게 해 온 어떤 다른 사람이 있을 수도 있다. 그에게는 그 일이 전혀 부담되지 않는다. 우리는 분명히 그 사람에게는 아주 중요한 존재여서, 그는 충실하게 몇 번이고 거듭 우리와의 접촉이나 만남을 찾고 있는 것이다. 내 누이는 젊은 시절 이탈리아에 있을 때, 기혼의 이탈리아인 사회학 교수를 한 사람 알게 되었다. 그들은 수많은 내적·외적 변화를 거친 뒤 결국 각자의 길을 걷게 되었다. 그런데 30년이 넘게 우정 어린 관계가 유지되고 있다. 그녀가 이탈리아에 갈 일이 있으면 언제든 그에게 찾아 갈 수 있다. 혹시 그가 외국에 체류 중이면 그의 집 열쇠를 받아 둔다. 바로 이것이 누군가를 이롭게 하는 신의, 사람들이 항상 기대하는 신의다. 신의 천사가 그대를 도와, 충실하게 그대 편에 서 있는 사람들을 믿을 수 있게 해 주기를. 그리고 그대 역시 충실하게 머무를 능력을 주기를. 그러면 그대가 다른 사람에게 어떻게 선을 베풀며, 마음의 온갖 변덕스러움 가운데서 어떻게 진정한 자신을 발견하게 되는지 경험할 것이다. 신의는 떠들썩한 충실의 맹세로 표현되는 것이 아니다. 그것은 신뢰성 있는 태도를 통해서, 일생 동안 상대방 편에 서서 배반 없이 온갖 변화의 길을 함께 걸어가겠다는 그대의 각오를 통해서 나타나는 것이다. 그러한 신의 위에 축복이 내린다. 그리고 그런 신의 속에서 우리는 그렇게 할 능력을 주는 천사를 예감한다. 우리 자신의 힘으로는 그것을 만들어 낼 수 없으니까. 그러한 신의에 의해 우리는 불안정한 이 세상 한가운데서도 자신을 유지하며 자신이 보호받고 있음을 느낀다. 그때 자신이 다른 사람에게 중요한 존재임을 알게 된다. 그리고 바로 그것이 자신의 가치를 인식하도록, 그리하여 온갖 실망에도 불구하고 자기 자신 편에 설 수 있도록 도움을 준다.

31

다정 천사

사랑하는 사람들은 곧잘 서로 이런 말을 한다. "그대는 나의 다정한 천사예요." 그렇게 말함으로써 상대방이 자기에게 그토록 다정한 것이, 자기를 소유물처럼 다루지 않고 조심스럽게 접근해야 하는 값진 보물처럼 대하는 것이 얼마나 흐뭇한지를 표현한다. 그러나 다정함은 두 연인이 서로를 대하는 방법일 뿐 아니라, 오늘날 중요한 덕행이다. 폭력이 난무하는 세상 한가운데서 젊은이들은 어떤 다른 형태의 관계를, 즉 애정 어린 분위기를 동경하고 있다. 그리하여 하나의 독특한 애정의 문화가, 애정의 독특한 생활양식이 성립하게 되었다. 다정함은 인간과 자연과 사물들을 정감 있게 다루는 기술이다. 다정함의 개념은 전형적인 현대의 것이라 하더라도, 다정함의 현상은 모든 시대를 통해 우리와 만나고 있다. 성서를 보면 다정한 만남들이 가득하다. 티토에게 보낸 서간은 예수 그리스도를 통해 하느님의 자애(*charis*, 은총 또는 다정)가 우리에게 나타났다고 말한다(티토 3,4). 작가 뵐Heinrich Böll은 죽음에 앞서 자애에 대한 독특한 신학을 정립했다. 그리고 그 스스로 신약성서 안에서 '언제나 온전한' 자애의 신학을 발견했다.

다정 천사는 사람들과도 맡은 모든 일과도 다정하고 애정 어린 관계를 맺을 수 있는 비결로 그대를 이끌고자 한다. 독일어 '차르트'zart는 '사랑스러운, 친애하는, 소중한, 친밀한, 귀여운, 상냥한, 아름다운, 부드러운'이라는 의미를 함께 담고 있다. 좋아하는 사람이 생기면 오직 애정으로 대할 수 있다. 그 사람을 다그치거나 잔인하게 다루지 않을 것이다. 억지로 모든 비밀을 다 털어놓으라고 요구하지도 않을 것이다. 다정하고 조심스럽게 다가갈 것이며, 정다운 말을 할 수 있을 것이다. 그러한 다정한 분위기 속에서 상대방은 자신이 존중받고 있고 귀한 존재임을 느낄 것이며, 나아가 자신의 아름다움을 발견할 것이다. 그때 그 다정함이 애정 행위로, 애무나 입맞춤으로 표현되기도 할 것이다. 바로 그러한 다정한 분위기 속에서 사람들 사이의 사랑이, 붙잡아 두고 소유하려 하지 않으며 서로를 놓아주고 존중하고 상대방의 신비를 감지하게 되는 그런 사랑이 흘러나오는 것이다.

사물들과 다정한 관계를 맺는다는 것은 이를테면 내가 어떤 책을 집어들 때 조심스럽게 손에 쥐는 것, 그것을 내게 귀중한 존재로 여기는 것을 말한다. 놀랍게도 종종 많은 사람들이 자기들의 책을 난폭하게 다룬다. 한번 읽고 나면 거의 거들떠보지도 않는다. 심리학자들이 말하는 바에 따르면 그러한 난폭함은 종종 억압된 성욕의 표현으로 볼 수 있다. 다정함은 그러한 억압된 성욕을 다시 온전하게 하는 표지이기도 하다. 그때 성욕은 다정한 행위들을 통해 자연스럽게 나의 모든 생활 속으로 흘러 들어간다. 즉, 모든 사회적·문화적 접촉, 모든 일, 사람이나 사물의 모든 관계 속으로. 그러면 찻잔과 접시를 다룰 때도 부드럽게 탁자 위에 올려놓게 되고, 작업 도구를 사용할 때도 조심스럽게 손에 쥐게 될 것이다. 성 베네딕도는 수도원의 관리자에게 모든 도구를 마치 거룩한 성물聖物들을 다루듯이 하라고 명했다. 결국 우리는 모든 것 안에서 창조자를 접하고 있는 것이다.

   그대가 다정 천사를 체험할 수 있기를. 그 천사가 다정히 그대 편에 서서 선사하는 정감 어린 분위기 속에서 그대 자신이 꽃피고, 온전히 그대 자신이 되며, 쭉 뻗고 누워 아주 편안하다고 느낄 수 있기를. 그리고 다른 이들을 위해 그런 다정 천사가 되어 줄 수 있기를. 그럴 수 있기 위해서는 우선 다정 천사의 제자가 되어야 한다. 그럼으로써 그대가 만나고 접촉하는 모두와 다정한 관계를 맺게 되고, 그대 주위에 다른 이들이 안전하다고 느끼는 다정한 공간을 만들어 낼 수 있을 것이다.

32

명랑 천사

초기 수도자들에게 '힐라리타스'hilaritas(명랑, 내면의 청명함, 즐거움, 밝음)는 조화된 영성의 표지였다. 자신의 진실을 인식한 사람, 자기 삶의 정점과 밑바닥을 체험한 사람, 자신이 철저하게 보살핌을 받고 있다고 느끼는 사람은 힐라리타스의 빛을 발한다. 음울한 표정으로 세상을 살아 나가지 않는다. 그에게는 인간적인 어떤 것도 낯설지 않다. 모든 것이, 심지어 자신의 약점이나 인간들의 온갖 오류조차 안전하다는 것을 알고 있다. 그것은 내면에서 발산해 나오는 빛이다. 곧, 그 사람 안에 있는 모든 것이 신적인 사랑의 온전하고 따뜻한 빛으로 환하게 빛나고 있는 것이다. 독일어 '하이터'heiter는 '맑은, 밝은, 구름이 없는, 빛나는'이라는 뜻이다. 명랑한 사람 주변에는 언제나 밝은 빛이 맴돈다. 사람들의 정신을 어둡게 하는 구름들을 그가 몰아내는 것이다.

명랑은 단순히 타고난 성격만은 아니다. 사람이 있는 그대로 조건 없이 받아들여진다는 것, 결국 모든 것이 다 좋은 것임을 믿는 큰 신뢰에 의해 생겨나는 것이다. 그리고 자신의 진실을 응시하려는 용기에 의해 생겨난다. 그리스도인들은 하느님의 빛을 자기 영혼의 온갖 심연 속으로 스며들게 하는 사람만이 명랑의 빛을 발할 수 있다는 것을 확신한다. 그 사람 안에는 감출 어둠도 두려워할 심연도 없다. 그는 아무 걱정 없이 세상을 헤쳐 나간다. 그것은 천진난만한 낙천주의가 아니라 진실과의 만남에 근거한 정신 자세다. 그는 자신의 진실을 명백히 보았기 때문에, 뜻밖에 닥칠 수 있는 문제들과 위험들에 대해 머리가 아프도록 골똘히 생각할 필요가 없다. 그는 이 세상의 어둠에 눈길을 고정하지 않고 모든 것이 신성한 빛에 잠겨 있음을 보고 있다. 바로 자기 가슴속에서 승리를 거둔 그 빛이 세상 안에서도 관철될 것을 믿고 있는 것이다.

그러한 명랑은 번지게 마련이다. 명랑한 사람 가까이서는 세계 몰락을 이야기할 수 없다. 함부로 세태를 한탄할 수도 없다. 명랑한 사람은 이 세상의 구체적 상황에 눈을 감고 있는 것이 아니다. 어둠을 밀어내지도 않는다. 그는 모든 것을 어떤 다른 망원경으로, 결국은 하느님의 빛나는 땅을 발견할 때까지, 암흑조차 꿰뚫고 볼 수 있는 영의 망원경으로 내다보고 있다. 곧, 이 세상의 현실을 있는 그대로 바라보지만 그럼에도 양 날개를 세상 위로 펼쳐 온갖 어려움을 무릅쓰고 내면의 명랑함으로 이 세상의 현실에 대한 관찰을 끝마칠 수 있는 그런 천사의 망원경으로 내다보는 것이다. 명랑한 사람에게는 어떠한 두려움도 갖게 할 수 없다. 그는 자기 안에 고요하게 머물러 있다. 그러므로 어떠한 것도 그를 그렇게 쉽사리 당황하게 할 수는 없다. 그처럼 명랑한 어떤 사람과 이야기를 나눈다면 그대의 내면 역시 밝아질 수 있을 것이다. 그러면 문득 그대 자신의 삶과 환경을 다른 눈으로 보게 될 것이다. 명랑한 사람 가까이에 머무르는 것은 유익한 일이다. 알다시피 모든 것을 자기네 검은 안경으로 바라보는 사람들이, 도처에서 발견하는 부정적인 것에 눈길을 고정한 사람들이 얼마나 침울하게 살아가고 있는가. 명랑한 사람은 그대를 밝게 만든다. 문득 그대 자신이 가벼워 옴을 느끼게 한다. 그대가 많은 명랑 천사들과 만나기를. 명랑 천사가 그대를 내적으로 밝혀 명랑하고 맑게, 구름 없이 빛나게 해 주기를. 그럼으로써 그대로 말미암아 그대 주위의 세상이 더욱 밝아지고 명랑해질 수 있도록.

33

투신 천사

아이들은 놀이에 완전히 투신할 수 있다. 그때 어떤 것에 의해서도 방해받지 않는다. 자기 자신조차도 잊어버린다. 그렇게 자기 자신을 떠나 놀이 속으로 들어간다. 바로크 시대의 미술가들은 천사들을 종종 놀이에 넋이 빠진 어린아이들의 모습으로 표현했다. 그뤼네발트Mathias Grünewald가 이젠하임Isenheim의 제대에 그려 놓은 성탄절의 천사는 비올라 다 감바 연주에 완전히 몰두해 있는 모습이다. 미술사가 프랭거Wilhelm Fraenger가 말했듯이, 그뤼네발트에게 천사들이란 "천상의 기쁨과 환희에 찬 그릇이며 …, 기쁜 마음으로 자신을 쏟아붓는 지극한 행복의 화신이다". 그처럼 예술 속에 나타난 천사들은 하나같이 투신의 대가들이다. 온전히 그 순간에 머무르며 지금 하고 있는 일에 완전히 투신한다. 어느 유다인 라삐에 대해 사후에, 그에게 가장 중요한 것은 바로 지금 종사하고 있는 일이었다는 말이 전해진다. 그는 분명히 투신 천사의 도움으로 그 순간에 온전히 투신하는 신비에 정통해 있었을 것이다.

탐구자는 자기 일에 전적으로 투신할 수 있다. 해답을 찾을 때까지 태도를 늦추지 않는다. 수공업자는 헌신적으로 자기 직업을 수행할 수 있다. 그러나 결국 투신은 특별히 두 영역과 관련되어 있다. 사랑, 즉 성욕 안에서의 투신과 하느님께 대한 신비적인 투신이 그것이다. 평소 내 삶 속에서 투신에 대해 가지고 있던 생각이 사랑의 투신을 통해 명백하게 드러난다. 성행위는 모든 투신의 정점이다. 두 사람은 자신을 잊어버리고 온전히 상대방 안으로 자신을 들여놓는다. 그때 그들은 융해되어 서로 합쳐진다. 자기를 내어 준 사람은 자기 자신에 대한 온갖 집착을 포기할 수 있다. 자신을 잃을세라 꽉 붙들지 않는다. 사랑하는 이의 팔에 안겨 있음을 알기 때문에 기꺼이 자신을 잃을 수도 있다.

이렇게 성생활을 통해 자기의 정점을 발견한 사람은 모든 사랑의 형태 안에서 그것을 실행하게 된다. 어떤 사람을 사랑하고 있는 사람은 그에게 푹 빠져 버린다. 전혀 자신 안에 머물러 있고 싶은 마음이 없다. 그 사람과 함께 있고 싶어 한다. 자신을 내어 주고 싶어 한다. 그 사람이 자기의 모든 의미이기 때문에. 그러한 투신은 새로운 부富의 경험을 가능하게 한다. 사랑하는 사람에게 자기를 내어 주는 사람은 자신의 사랑으로 생각지도 못한 많은 선물을 받게 된다. 즉, 전보다 자신이 더 부유하고 더 활발하며 더 자유로움을 느끼게 되는 것이다. 많은 사람이 자기를 내어 줄 수 없다. 그들은 자기의 투신이 악용될 수도 있고, 그렇게 되면 자기 자신을 잃을 수도 있다는 불신으로 가득 차 있다. 혹시 실수를 저질러서 약점을 보일세라 자신의 감정이나 상대방과의 관계, 자신의 모든 말과 행위를 통제하려는 사람들은 투신할 능력이 없는 사람이다. 성공적인 삶에 대한 근본적인 시각이 빗나가 있는 사람이다. 자기를 내어 줄 수 없는 사람은 결국 언제나 홀로 남아 있을 뿐이다. 그는 다른 사람과 만날 수 없다. 자기를 내어 줌 없이는 사랑할 수 없고, 자기를 내어 줌 없이는 살 수 없다.

성인聖人들은 철두철미 자신을 하느님께 맡겼다고 전해진다. 그들은 하느님의 처분에 자신을 내놓았다. 당신 뜻대로 자기를 쓰시도록 기도했다. 우리에게는 그렇게 철저한 투신의 기도가 힘들게 여겨진다. 그러나 성인들은 그러한 투신에 의해 자유로워졌다. 신뢰로 가득 차서 미래를 살 수 있었다. 하느님이 자기를 두고 계획하신 모든 일이 결국은 잘 이루어질 것을 알고 있었던 것이다. 플뤼에의 니콜라우스Nikolaus von Flüe의 기도는 유명하다. "오, 나의 하느님, 나의 주님! 제게서 저를 빼앗아 온전히 차지하소서!" 이 기도로 그는 신비가가 되었고, 우리 현실 피안의 세계에 철저하게 받아들여졌다. 그렇게 해서 동시대 사람들에게 평화의 설립자가 되고 새로운 길을 가리켜 주는 천사가 될 수 있었으니, 곧 그가 온갖 논쟁들로부터 멀리 떨어져 하느님의 편에서 모든 것을 볼 수 있었기 때문이다.

이러한 투신은 자기 자신을 포기하는 것이 아니라 그분 안에서 자기를 새롭게 재발견함을 의미한다. 예수께서 말씀하셨듯이 투신은 우리의 삶이 열매를 맺을 수 있는 전제다. 때때로 경건한 사람들은 자신의 종교 행위 전체를 자기 자신과 자기의 확신, 자기의 건강을 고수하기 위해 이용한다. 하지만 그럴 경우 그들의 삶은 불모의 것이 되고 만다. 결코 투신에서 나오는 풍요로움이나 생명력을 경험할 수 없다.

투신 천사가 그대의 과제에, 그대가 사랑하는 사람들에게, 그리고 사랑 자체에 투신하는 비결을 가르쳐 주기를. 투신은 그대에게 많은 것을 선사할 것이다. 그대를 자유로, 그대의 삶이 성공하리라는 헤아릴 수 없이 깊은 신뢰로 이끌 것이다. 그대는 넘어질 수도 있다. 하지만 보호받고 있음을 느낄 것이다. 그때 그대 자신의 집착으로 이루어진, 갑옷같이 경직된 근육은 힘을 잃을 것이며, 그대 자신에게서 생기 있고 여유로움을 감지하게 될 것이다. 그리고 마침내 그대의 삶은 열매를 맺을 것이니, 그대를 바침으로써 그대가 꽃피는 까닭이다.

34

조화 천사

서로 조화를 이루라는 말은 심리학적으로 보면 악담이다. 갈등을 견뎌 낼 수 없는 사람, 어떠한 의견 차이도 참아 내지 못하는 사람은 온갖 쟁점들을 얼버무려 넘기며 겉으로만 일치를 꾀한다. 발전을 가져다줄 수 없는 인공적인 조화를 만들어 낸다. 그럴 경우 문제들은 점점 더 곪아 가고 또 새로운 문제가 터질 것이기 때문이다. 그렇게 조화를 이루는 사람은 진실을 두려워하는 사람이다. 그는 싸움이 일어나는 상황을 견딜 수 없다. 아마도 그에게는 어린 시절에 너무나 빈번히 부모의 싸움을 보았기 때문에 싸움이 아주 부정적으로 자리 잡고 있을지도 모른다. 부모의 싸움은 그에게 홀로 버려질지도 모른다는, 즉 부모의 보호를 잃게 될지도 모른다는 불안을 안겨 주었다. 그리하여 모든 싸움이 그의 마음속에 자신의 삶의 토대를 잃게 될지도 모른다는 두려움을 불러일으키게 되었다. 그래서 본래 싸울 일이란 없으며 실상 누구나 다 옳다면서 조화를 이루려 한다. 더욱 나쁜 조화를 이루려는 사람인즉, 우리는 그리스도인으로서 결국 모든 이를 사랑해야 하므로 어쨌든 사이좋게 지내야 한다고 끊임없이 도덕적인 호소를 불러일으키는 그런 사람이다.

조화 천사는 조화가 무엇인지를 알려 주려는 것이 아니라, 우선 그대 자신과 조화를 이루며 살 수 있는 방법, 즉 그대가 그대와의 일치 안에서 살아감으로써 그대와 조화되어 있을 수 있는 비결을 가르쳐 주고자 한다. 그리스어 '하르모제인'*harmozein*은 '짜맞추다, 접합하다'라는 의미다. 내면에 대립되어 있는 모든 요소를 짜맞출 때 내적 조화에 이른다. 그대 자신의 모순점들을 진지하게 받아들여야 한다. 그러면 그것들은 더 이상 그대를 고심하게 만들지 않을 것이다. 그것들을 서로 적합하게 짜맞출 수 있을 테니까. 그대 안에 있는 모든 영역이 각기 제 소리를 내게 해야 한다. 그래야 모든 것이 함께 울릴 수 있고 그대 안에 조화가 생성되며, 그렇게 해서 그대가 그대 안에 있는 모든 것과 일치를 이루게 되는 것이다. 그대 안에 있는 어떤 것도 억압해서는 안 되며, 어떤 것도 조화에서 제외해서는 안 된다. 그대 안에 있는 모든 것이 자기 소리를 낼 권리가 있다. 그대 안에 있는 영역들을, 이를테면 분노나 불안 등을 언제나 억압하려고만 든다면, 그것들은 그대 영혼의 화음에서 빠져 버리고, 그렇게 되면 실제적인 조화는 이루어질 수 없다.

자신과 조화되어 있는 사람은 자기 주변에도 조화를 만들어 낼 수 있다. 그러나 그것은 인공적으로 조작되는 조화가 아니라, 갖가지 의견과 쟁점과 입장을 대표하는 모든 사람을 접합함으로써 생겨나는 조화다. 그때는 어떤 것도 대충 얼버무려 넘겨지지 않는다. 각기 다른 입장들이 면밀히 관찰되면서 더욱 뚜렷이 표명된다. 그때는 모든 의견이 존중되지만 똑같이 평가되지는 않는다. 모두가 자기 입장을 표현할 수 있고, 서로 솔직하게 마음을 열고 토론할 수 있다. 그때에 거론된 문제들은 모든 것이 짜맞춰질 때까지, 그리고 모든 이가 해결책을 받아들일 수 있을 때까지 충분히 토의된다. 즉, 그들의 생활을 계속 유지시키면서 그들 고유의 일치를 파괴하지 않는 해결책을 받아들일 수 있을 때까지. 그때 비로소 인공적으로 조화를 이루는 것이 아니라 논쟁의 여지가 있는 여러 가지 입장에도 불구하고 모두가 함께 전진할 수 있는 하나의 길을 발견하게 되는 것이다.

조화로운 사람들은 주변의 작업 풍토도 모든 이가 즐겨 일할 수 있는 분위기로 만든다. 그때 온갖 불협화음 뒤로 다시 조화로운 화음이 생겨난다. 자신과 일치를 이루고 있는 사람들은 다른 이들과 맞서서 선동하기 위한 어떤 음모도 필요 없다. 그들은 주위에 맑고 조화로운 분위기를 낳는다. 그때 모든 이가 자신이 존중받고 있음을 안다. 모두가 회사 또는 공동체의 거대한 교향곡 속에서 함께 연주할 수가 있는 것이다. 그러한 조화 천사들은 모든 인간 공동체에 축복이다. 조화 천사가 그대 자신을 다른 이들

을 위한 조화 천사로 만들어 주기를. 그리하여 그들이 온전히 그
들 자신만의 소리를 낼 용기를 얻게 되기를.

35

투명 천사

　　　　토론에서 문제의 핵심을 뚜렷하고 간명하게 표현할 수 있는 사람들이 더러 있다. 그들은 먼저 귀를 기울이고 대화하며 협력하려는 감정을 느낀다. 그리고 본질적인 문제가 무엇이며 어떠한 해결책이 있을 수 있는지 명백하게 진술한다. 또는 개인적인 대화 중에도 그들은 그대가 지금까지 간과해 온 것이 무엇이며, 실제로 그대가 봉쇄해 왔던 것과 더 나아지기 위해 고쳐야 할 것이 무엇인지를 명확하게 말해 준다. 그들은 그것을 배운 것이 아니다. 심리학자인 것도 아니다. 그러나 본질적인 것에 대한 투명한 눈을 가지고 있다. 그들은 많은 말을 하지 않는다. 하지만 무엇인가를 말할 때면 정곡을 찌른다. 그대 안에 여전히 흐릿하고 불투명하게 남아 있는 것을 분명하게 밝혀 준다. 그들은 그대에게 투명 천사다. 얼굴에 밝고 투명한 빛을 반사하는 리피

Filippino Lippi의 천사들과 닮았다.

투명 천사는 또한 그대에게 다가와서 그대 안에 이미 잠재해 있는 재능을 끄집어내고자 한다. 틀림없이 언젠가 그대는 무엇인가를 명백하게 통찰했던, 문득 모든 것이 분명해졌던 경험이 있을 것이다. 옛 사람들은 내가 갑자기 통찰하게 되는 것을 조명의 신비라 했다. 나는 아무것도 확실하게 인식한 것이 없었다. 그런데 갑자기 모든 것이 분명해진다. 내 삶에 대해 "예"라고 말할 수 있으며 모든 것이 잘되리라는 것을 예감한다. 어떤 구체적인 것을 보는 것이 아니라 통찰하는 것이다. 모든 것을 밝히는 근본을 보는 것이다. 그러한 경험들은 언제나 우리에게 하나의 선물이다. 그때는 모든 것이 광명으로 가득 차게 되며 본질적인 것이 허상을 꿰뚫고 빛을 발한다. 그때 우리는 참된 존재와 우리의 고유한 인격의 근원적이고 위조되지 않은 모상과 접촉하게 된다.

틀림없이 그대는 무엇을 해야 하는지, 자신의 소명이 무엇인지, 어떤 길을 걸어가야 하는지 갑자기 분명해졌던 경험도 있을 것이다. 그대는 자신에게 어떤 일이 일어나고 있는지 분명하게 인식했다. 문득 그대 자신을 이해하게 되었던 것이다. 아마도 그대는 오랫동안 자신에 관해 심사숙고해 왔는데도 더 전진하지는 못하고 있었을 것이다. 그런데 갑자기 밝은 하늘에서 한 줄기 희망의 빛이 내려와 모든 것을 밝혀 주었다. 바로 그때 투명 천사가 찾아와 본질적인 것을 볼 수 있도록 그대의 눈을 열어 주었던 것이다. 또는 그대가 어떤 결정을 내려야 할 때도 있었을 것이다.

그대는 어떻게 결정을 내려야 할지 오랫동안 잘 알 수 없었다. 결정을 지지할 이유도 반대할 이유도 너무 많았다. 이를테면 직업 선택의 경우처럼 선택 가능성이 너무 많았던 것이다. 그런데 갑자기 시작하고 싶은 일이 무엇인지 아주 명백해졌다. 그때 그대는 분열된 그대 마음속에 명백함을 만들어 준 천사를 뚜렷이 감지했다. 또는 그대가 완전히 불투명한 상황 속에 휩쓸려 들어갔던 때도 있을 것이다. 사실 그대는 무슨 일이 일어나게 될지 통찰하지 못했다. 그런데 갑자기 모든 것이 밝혀졌다. 그렇다면 그것은 의심할 바 없이 천사에 대한 체험이다.

투명 천사는 그대 자신을 명확하게 인식하도록, 그대 자신을 철저하게 보도록 도움을 주고자 한다. 그러한 연습을 쌓다 보면 그대도 다른 이들을 위한 투명 천사가 될 수 있다. 그러면 대화 중에 상대방에게 본래 필요한 것이 무엇인지, 어떤 것이 그에게 도움을 줄 것인지, 갑자기 명백하게 볼 수 있다. 그대는 그의 뒤엉킨 사고 안에 명료함을 가져다줄 것이고, 그래서 그는 그대에게 감사하게 될 것이다. 그러한 명료함은 단순하게 습득할 수 있는 것이 아니다. 그대를 그러한 명료함으로 이끌 투명 천사가 필요하다. 어려운 상황에 처한 남자친구나 여자친구가 대화를 요청해 올 때, 그대는 투명 천사에게 와서 도와 달라고 청할 수 있다. 그러면 그대가 절대적으로 도움을 줘야 한다거나 상대방의 문제를 반드시 풀어 줘야 한다는, 성과에 대한 부담감 없이 그 대화에 임할 수 있다. 마음을 비우고 대화를 시작할 수 있다. 투명 천사가 그대를 도와주러 와서 무엇을 밝히고 어떤 점을 도와서 그로 하여금 앞으로 나아가게 할 것인지 꼭 암시해 줄 것임을 믿기 때문이다. 아마도 그대는 오랫동안 아무 말도 해 줄 수 없을 것이다. 그대가 아무것도 이해하지 못하고 있기 때문에. 그러나 다음 순간 그대 안에서 그윽한 충동이 점점 일어날 것이다. 그대는 무엇인가를 말할 것이고 그리고 그것은 적중할 것이다. 그러면 그대는 투명 천사가 도우러 왔음을 알게 될 것이다.

36

느림 천사

'서두름은 악마가 발명했다'라는 터키 속담이 있다. '천상의 고요'라는 말도 있다. 느림 천사는 우리에게 그런 천국의 속성을 상기시킬 수 있다. 소설 『느림의 발견』은 종교 예식서처럼 되었다. 분명히 작가 나돌니Sten Nadolny는 우리 시대의 급소를 — 또 깊은 동경을 — 찔렀다. 당시에만 많은 사람이 끊임없는 스트레스를 받고 있었던 것은 아니다. 우리의 영혼도 시간의 경제화에 따른 '무자비한' 압박 아래 상처를 입고 분망함에 시달리고 있다. 계속해서 모든 것을 더 빨리 움직여야 할 때, 작업 진행을 매분 더 절약하려 할 때, 더 이상 휴식 시간이 주어지지 않을 때, 모든 것이 점점 더 서둘러질 때, 바로 그런 때야말로 평형추가, 느림의 발견이 필요하다. 그러면 느림과 고요함 덕에 재발견되는 것들도 많을 것이다. 가속화 대신 탈가속이 우리에게 필요하다.

표범을 살펴보노라면, 얼마나 침착하게 천천히 움직이는지 경탄하지 않을 수 없다. 우리는 그것이 다음 순간 믿지 못할 만큼 빠른 속도로 희생될 표적에게 덤벼들 수 있음을 알고 있다. 그러나 서두르지 않는다. 자신에게 여유를 주고 있다. 시간은 우리에게 금이다. 되도록 시간을 절약해야 한다. 더 중요한 일에 자유롭게 쓰기 위해. 그러나 문제가 있다. 그렇다면 우리에게 더 중요한 일이라는 게 도대체 무엇인가? 그런 경우 그 외에 우리에게 남아 있는 것을 가지고는 아주 흔히 아무 일도 시작할 수가 없는데 우리는 대체로 급히 서두른다. 그러나 어디를 향하여? 우리는 조급한 마음에 희생되고 있다. 심지어 자유 시간에까지 되도록 짧은 시간 안에 되도록 많은 것을 체험하려고 조급하게 서두른다. 그러나 이렇게 줄곧 서두르기 때문에 많은 이들이 도대체 자기가 무엇을 감지하고 또 체험하는지를 잊어버리고 있다. 주변에 큰 소동이 있을 때나 삶을 느끼게 될 뿐, 삶 자체를 느끼지는 못하고 있다. 자기 자신에 대해서는, 자기 숨이나 몸에 대해서는, 자기 마음속의 움직임에 대해서는 아무것도 감지하지 못하는 것이다. "게으름은 모든 사랑의 시작이다"라고 언젠가 작가 바흐만 Ingeborg Bachmann은 말했다.

그러한 게으름은 걸음이라는 아주 일상적인 일을 통해서도 연습할 수 있다. 천천히 걷는 것, 의식적으로 걸음걸음을 감지하는 것, — 어떤 것에 의해서도 — 자신을 몰아대지 않는 것, 그것은 우리를 그 순간에 온전히 존재할 수 있게 하며, 강렬한 체험과 내적 평화로 이끈다. 느림에는 특별한 아름다움이 있다. 한 여인이 천천히 길을 거닐고 있다고 하자. 그러면 모든 남자들이 눈길을 보낼 것이다. 그녀는 천천히 걷는 보람이 있다. 걸음걸음을 즐긴다. 빠른 걸음으로 보도를 걸어가는 여인이라면 누구의 눈에도 띄지 않는다. 그녀는 목적지에 도달하기 위해 되도록 빨리 군중을 뚫고 나아가고 싶은 생각밖에 없다. 그녀는 실제로 길을 가는 것이 아니다. 자기 몸과 함께 있지 않다. 단지 목적지를 향해 방향을 맞추고 있을 뿐, 자기 자신을 감지하고 축하할 능력은 상실하고 만 것이다. 스토아 철학에 따르면 우리의 삶은 지속적인 축제다. 우리들 인간이 신적 존엄을 지니고 있음을 축하하는 것이다. 우리의 움직임이 서서히 이루어질 때 그런 축제에 관한 무엇인가를 경험할 수 있다. 찬찬히 사물들을 다루고, 서서히 걸음을 내디뎌 보자. 대화에도 여유를 가져 보고, 밥을 먹을 때도 서두르지 말아 보자. 천천히 음미하면서 먹어 보자. 그러면 그러다가 문득 그것이 맛이 있음을 깨달을 것이다. 비로소 즐길 수 있게 되는 것이다. 느릿느릿 빵 조각 하나를 씹을 때도 우리는 축제를 지낼 수 있다.

　느림 천사는 그대에게 존재할 수 있는, 강렬하게 살아갈 수 있는 비결을 가르쳐 주고자 한다. 그대가 일하는 도중에 사무실의 한쪽 문에서 다른 쪽 문으로 갈 일이 있다고 하자. 의식적으로 천천히 걸어가 보라. 산보를 할 때도 의식적으로 걸음걸음을 감지하며 진지하게 받아들여 보라. 마치 그대가 땅을 건드리면 다시 그 땅이 그대를 건드리는 것처럼. 서서히 의식적으로 찻잔을 손에 쥐어 보라. 저녁때 집에 돌아와서 천천히 옷을 벗어 보라. 그러면 모든 것이 하나의 상징임을, 옷을 벗는 것이 하루의 수고가 깃든 그날을 벗는 것이 될 수 있음을 알게 될 것이다. 아침에 천천히 세수하며 그대에게 생기를 불어넣는 차가운 물을 느껴 보라. 그리고 천천히 옷을 입어 보라. 이렇게 서서히 옷을 입는 것이 전례에도 예시되어 있다. 사제는 제의를 입으면서 이렇게 말한다. "나는 구원의 옷을 입고 있나이다." 마찬가지로 그대가 입는 옷, 그날을 위해 단장하려고 준비한 옷도 의식적으로 즐길 수 있다. 그리고 시편 139편의 기도를 올리며 하느님께 감사드릴 수도 있다. "제가 오묘하게 지어졌으니 당신을 찬송합니다. 당신의 조물들은 경이로울 뿐. 제 영혼이 이를 잘 압니다"(시편 139,14). 이처럼 느림 천사는 그대를 의식적이고 주의 깊은 삶으로 이끌어, 그대의 삶을 지속적인 축제로 지낼 수 있게 하는 비결을 가르쳐 주고자 한다.

37

물러섬 천사

　　4세기에 교회 안에는 커다란 후퇴의 움직임이 일어 났다. 세상의 소음에 지치고 교회의 세속화에 환멸을 느낀 수도자들의 움직임이었다. 그들은 오로지 홀로 살아가기 위해, 세상과 떨어져 자신의 진실과 맞서기 위해, 기도 안에서 하느님을 체험하고 그분과 하나가 되고 싶은 마음속의 깊은 동경을 따르기 위해 사막으로 떠나갔다. 놀라운 것은 조용한 곳으로 물러났던 바로 그들이 상상치도 못할 강한 영향을 이 세상에 끼쳤다는 것이다. 수많은 순례자들과 도움을 구하는 이들의 무리가 사막의 교부들에게 조언을 얻기 위해 로마와 아테네에서 이집트의 사막을 향해 길을 떠났다. 그들은, 한적한 곳으로 물러나 하느님 앞에서 자기의 진실과 맞서려는 용기를 가졌던 그 사람들이, 세상의 혼란 한가운데 서 있는 어떤 철학자들이나 의사들보다 인간으로서의 삶에 대해 더 많은 것을 이해하고 있음을 분명히 감지했다.

때때로 우리 각자도 세상의 소음과 일상의 분망함으로부터 물러날 필요가 있다. 그러지 않으면 우리는 혼란 속에 빠지고 말 것이다. 그것은 그저 잘 순응해 나가는 것일 뿐, 더는 살아 있는 것이 아니며 우리 스스로 존재하는 것이 아닐 것이다. 그대가 어떤 조용한 장소로 물러나 있더라도 세상의 소음도 함께 따라와 있을 것이며, 그때 그대 안에서 일어나는 온갖 것과 대결하느라고 결코 유쾌한 기분으로 있지도 못할 것이다. 그러니 일상의 문제들에서 벗어나 자유롭게 되기까지는 얼마간의 시간이 필요하다. 그런 다음에야 내면의 후퇴가 시작된다. 그대가 지금 행하고 있는 것, 그대가 종사하고 있는 것으로부터 물러서서, 도로 그대의 자리로 되돌아가 보는 것이다. 바로 그대 자신과 접촉해 보는 것이다. 그때 그대의 가슴 깊은 곳에서 그대를 움직이고 있는 것이 무엇인지 발견할 것이며, 그대의 더 깊은 진실을 인식하게 될 것이다. 그것은 때때로 고통스러운 것일 수 있다. 그러나 그것을 고요히 응시하며, 그대를 있는 그대로 받아들여 주시는 하느님께 그것을 내어 밀고 있다면, 내면의 자유와 기쁨을 동시에 경험하게 될 것이다. 그대의 일회성과 유일성을 느낄 것이며, 그대 자신이 아주 가치 있고 중요한 존재임을 감지하게 될 것이니, 그것은 그대가 이 세상에 오직 그대만이 후세에 남길 수 있는 발자취를 새겨 놓을 수 있기 때문이다. 그런 다음 그대 안에서 솟아나는 내면의 샘을 발견할 것이다. 그 샘은 신적인 샘이며, 성령의 샘이라서 결코 마르지 않는 샘이다.

　물러섬 천사는 또한 때때로 배우자나 여자친구로부터 물러날 용기를 북돋아 주고자 한다. 끊임없이 타인과 같이 있다 보면 곧 자신이 속박받는 듯한 느낌이 들 것이다. 아마 그대들은 서로 떨어지지 않고 붙어 다니고 있을 것이다. 그런데 그것은 그대들 둘 다에게 별로 유익한 것이 못 된다. 두 사람 사이에 여유와 자유가 필요하다. 그럼으로써 각자가 숨을 쉬고, 각자가 자기 특성을 공동체 안에 내놓을 수 있도록. 아마도 때때로 아내나 남편으로부터 그대가 물러나 있는 것에 대해 비난하는 소리를 듣게 될지도 모른다. 그러나 나는 그것을 시도해 본 많은 이들을 알고 있다. 그들은 자기들의 그러한 행위가 함께 사는 사람에게도 좋은 결과를 가져다주었다는 것을 경험했다고 말하고 있다. 즉, 그때 그대는 다시 온전히 그대 자신이 되는 것이다. 그것은 마치 그대 자신의 모든 요소들이 재접합되는 것을 발견하게 되는 어떤 치유와도 같다. 그렇게 되면 공동생활 역시 다시 활기를 띠게 될 것이다. 그대는 다시 아내나 남편과 더불어, 또는 남자친구나 여자친구와 더불어 새로운 것을 시도해 보고 새롭게 관계를 맺게 되는 상상력과 기쁨을 갖게 될 것이다. 물러나 있을 줄을 안다면, 그대 자신이 단지 그대의 파트너에 의해서만 정의될 수 있는 것이 아니며, 그대에게 필요한 것은 더 심오한 원인, 그대 자신의 원천, 즉 그대를 일회적이고 유일한 인간으로 만드신 하느님이라는 걸 감지하게 될 것이다. 물러섬 천사가 그대에게 다시 물러나야 할 때가 언제인지 알려 주기를. 그때 그대는 결코 혼자가 아니며, 물러섬 천사가 그대 곁에 함께 있어 그대 생의 새로운 지평선을 열어 주고 있음을 경험하게 되기를.

38

조심 천사

조심 천사는 느림 천사와 같은 계열이다. 조심은 오늘날 영성 작가들에게 매우 사랑받는 말이다. 특히 베트남 출신 불교 승려 한Thich Nhat Hanh은 거듭 조심에 대해, 조심스럽게 살아가는 방법에 대해 말한다. 그에 따르면 불교의 모든 지혜는 조심 에너지가 모든 개개의 일상적 수행 속으로 흘러 들어가게 하는 것을 본질로 하고 있다. 이미 동자승 시절부터 그는 일상의 모든 것이 조심과 관계가 있음을 배웠다. 그의 전반적인 수덕 행위와 매일의 수련에서 관건은 모든 것에 대해, 즉 숨을 쉬는 것과 길을 걷는 것, 설거지를 하는 것, 손을 씻는 것에 대해 조심스럽게 임하는 데 있었다. 손을 씻을 때마다 그는 이렇게 말하고는 했다. "물이 내 두 손 위로 흘러내린다. 나는 우리의 소중한 지구를 보존하기 위해 조심스럽게 그 물을 쓰고 싶다."

조심이란 존중함, 주의함, 존경함, 무슨 일을 조심스럽게 행함에서 나온다. 또 깨어 있음과 관계가 있다. 자기의 숨에 주의를 기울이는 사람, 조심스럽게 걸음을 내딛는 사람, 주의 깊게 숟가락을 드는 사람, 지금 하고 있는 일에 온전히 머무는 사람, 그런 사람은 깨어 있는 사람이다. 부처란 물론 깨어 있는 자라는 뜻이다. 그리고 이것은 우리들 가운데 많은 이가 잠든 채 살아가고 있음을 말해 주는 셈이다. 자기가 무엇을 하고 있는지 의식하지 못하고 있음을. 삶에 대해 환상을 만들어 가지고 있음을. 실제의 삶과 관계를 맺지 못하고 있음을. 어느 날 한 선사禪師가 어떤 명상법을 실행하고 있는지 질문을 받자 이렇게 대답했다. "먹을 때면 먹고, 앉을 때면 앉고, 설 때면 서고, 걸을 때면 걷는다네." 질문한 자가 말했다. "그야 별것도 아니지 않습니까? 우리 모두가 행하고 있는 것인데요." 다시 스님이 대답했다. "아닐세, 자네는 앉을 때 이미 서 있고, 설 때 벌써 길을 가고 있지."

명상의 실행은 내가 지금 하고 있는 일에 전적으로 주의를 기울임을 본질로 한다. 그때 조심성이 내 삶에 새로운 양념을 치는 영성적 힘임을 깨닫는다. 그때 내가 살아지게 되는 것이 아니라, 내 스스로 살고 있음을 느낀다. 삶이 신비임을, 헤아릴 수 없는 깊이요 넘치는 생명력이며 가득한 기쁨임을 감지하는 것이다.

조심은 존경, 존중과 관계가 있다. 조심스럽게 내 숨을 다룬다. 그 안에서 나의 삶을 충만케 하시며 나의 온몸에 당신 치유의 온기를 불어넣어 주시는 하느님의 숨결을 감지하기 때문에. 내

연장을 조심스럽게 손에 쥔다. 그 안에서 그것을 만든 이의 수고를 보기 때문에. 주의 깊게 내 방 안에 있는 꽃들을 대한다. 그 안에서 피조물의 신비와 조물주 자신을 접하게 되기 때문에.

조심은 동양 선사들뿐 아니라 서양 수도자들에게도 영성적인 사람의 표지다. 베네딕도 성인도 수도자들에게 수도원 도구들을 조심스럽고 주의 깊게 다루라고 권고했다. 모든 것이 귀중한 것이며, 모든 것이 성물聖物들이라고 했다. 그러나 우리 수도자들조차 종종 이 주의를 잊고 있다. 우리 역시 책과 식기, 연장들을 의식 없이 다루고는 한다. 문도 무심코 그냥 쾅 닫는다. 이러한 일상의 부주의와 의식 없음에 빠져 있는 우리들 모두에게 조심 천사가 반드시 필요할 것이다. 몇 번이고 거듭 우리를 흔들어 잠에서 깨워 주의 깊게 온전히 그 순간에 머무를 수 있게 하는, 지금 우리가 하는 일에 조심스럽게 종사하도록 이끌어 주는 그런 조심 천사가.

모든 행위에 들어 있는 조심성, 그것이 내 삶에 부드러운 입김을 불어넣는다. 그때 나는 온전히 현재에 머물러 있게 되며, 나와 사물들은 완전히 하나가 된다. 그러나 이러한 조심성은 결코 간단히 주어지지 않는다. 날마다 일상 속에서 실행되어야 한다. 그것은 영성 생활의 척도다. 여전히 경건한 말을 만들어 내고 훌륭한 영성 강좌를 계속해서 할 수 있다고 하더라도, 조심이 없다면 모두가 허사다. 조심 천사가 그대를 삶의 예술 속으로 점점 더 깊이 이끌기를. 그럼으로써 모든 것을 주의 깊게 존중으로 대하며 삶의 기쁨을 발견할 수 있기를. 모든 것이 저마다 가치롭고, 하느님께로부터 경이롭게 창조되었으며 그분의 영이 깃들어 있<u>으므로</u>.

39

온화 천사

　　온화한 가을 햇살은 나에게 늘 자기 자신에 대해, 자기 결함과 약점에 대해, 또 사람들과 그들의 인간적 약점들에 대해서도 온화한 눈길로 바라보는 사람에 대한 표징이다. 그런 사람은 온화한 눈길로 자기 자신과 주변 현실을 온화한 빛 속에 잠기게 한다. 온화한 가을 햇살 속에서는 모든 것이 아름답다. 울긋불긋 곱게 물든 나뭇잎들은 비할 데 없는 아름다움을 맘껏 발하고, 그때는 고목도 아름답다. 모든 것이 자기 자신의 광채를 받아 누리고 있다. 나는 그러한 온화함을 발하는 노인들을 더러 알고 있다. 그들 가까이 가면 기분이 좋아진다. 그들과 함께 이야기를 나누면 즐겁다. 마음속에 내가 있는 그대로 존재해도 좋다는 허가가 일어난다. '사실 모든 것이 다 좋다'라는 동의가 생긴다. 그 노인들은 살아오면서 이런저런 풍상을 다 겪은 사람들이다.

생의 정점과 밑바닥을 두루 거쳐 왔다. 이제 삶의 가을에 서서 모든 것을 온화한 눈길로 응시하고 있다. 그들에게는 인간적인 어떤 것도 낯설지 않다. 그들은 아무것도 함부로 비난하지 않는다. 그것이 실제 이루어진 대로 그렇게 온화한 가을 햇살 속에서 빛나도록 내버려둔다.

중세 언어인 '밀데'milde(온화한, 부드러운)는 '말렌'mahlen(빻다, 갈다)에서 나왔다. 따라서 '밀트'mild는 '곱게 갈린, 섬세한, 연한, 부드러운' 등의 의미가 있다. 그러므로 '밀데'Milde(온화, 부드러움)는 좀처럼 절로 되는 것이 아니다. 빻는 과정을 전제한다. 그런 다음에야 딱딱한 낟알이 부드럽고 고운 가루가 된다. '몰리히'mollig(연한, 폭신한)는 '몰라'mola(맷돌)에서 유래한 말이다. 온화한 빛을 발하는 노인들은 삶의 맷돌에 갈린 사람들이다. 여러 고비를 겪었고, 절망도 하면서 어두운 좁은 길을 통과해 왔다. 결함과 약점과 지치도록 싸워 왔으며, 수없이 실패도 되풀이했다. 그러나 거듭 다시 일어섰고, 계속 싸웠다. 결국 운명의 맷돌이 그들을 부드럽게 갈아 놓았다. 그들은 그러한 맷돌에 대항하지 않았다. 빻아지기에 "예"라고 응답했으며, 그리하여 그렇게 부드럽게 되었다. 아마도 그들은 베르겐그륀Werner Bergengruen이 천사 기도에서 표현한 천사를 경험했을 것이다.

"천사 형님, 수호자님,
밤마다 악마가 날 붙잡기 전에

그대 날개로 아침놀을 피워 주었다오 ….

형님처럼 날 받쳐 들고
불붙는 지옥 땅 가로질러,
가파른 바위 벽을 쳐서 층계를 만들어 주고,
올가미와 탄환을 막아 주며,
벽 틈을 갈라 길을 내어 주었다오.
그런데도 나는 얼마나 자주 그대를
언제나 내게 충실해 달라며,
감사도 인사도 없이 성가시게 보채었는지.
모든 거리가 쓸쓸히 황혼에 물들 때
천사님, 그대는 내 동반자일지니
나를 그 시간에서 건져내 다오.

천사님, 어떻게든 또 한번 날 이끌어 다오.
그러면 그대는 자유로워지리니.

내 가슴속 근심을 없애 다오.
천사님, 날 홀로 버려두지 마오."

분명히 시인은 온화 천사가 자기를 온갖 지옥과 협곡 사이를 뚫고 받쳐 들고 가면서 갈아 부드럽게 만들었음을 이해했다.

온화와 온유는 함께 짝을 이루고 있다. 수도자 작가인 폰투스의 에바그리우스에게 온유는 영성적인 사람에 대한 중요한 표지다. 사람을 냉혹하고 독선적으로만 만드는 수덕 생활은 아무런 가치가 없다. 다윗이나 예수처럼 온유한 사람만이 영적인 길에 대한 무엇인가를 이해할 수 있다. 다른 사람에 대해 냉혹한 판단을 내리는 사람은 자기 결함과 약점을 진정으로 극복하지 못한 사람이다. 그것들을 억압해 왔을 뿐이다. 그는 완력으로 그것들과 대항해 왔고, 이제 똑같은 폭력으로 다른 이들을 공격한다. 그렇게 자기의 억압된 격정을 다른 이들에게 투사한다. 진실의 맷돌에 갈리지 않은 까닭에 부드럽고 다정하며 온화하게 될 수 없었던 것이다.

그대의 삶 속에서 많은 온화 천사를 만날 수 있기를. 그대는 그러한 사람들이 어떻게 그대에게 선을 베푸는지 감지할 것이다. 그리고 어쩌면 이미 그런 온화한 사람들을 알고 있을지도 모른다. 그들 가까이 찾아가 이야기를 나누며, 어떻게 해서 그렇게 되었는지 물어보라. 그러면 그들로부터 온화한 눈길을 배울 수 있을 것이다. 그대의 삶을 온통 부드러운 가을 햇살 속에 잠기게 하고, 그대 안에 있는 모든 것에, 심지어 좌절에조차도 특별한 존엄과 아름다움을 선사하는 온화한 눈길을. 그리고 그대가 그런 온화한 사람들의 제자로 들어간다면, 아마 스스로 자기에 대해 심한 분노를 느끼는 사람, 자기 자신을 단죄하는 사람, 자기와 자기의 결함에 대해 절망하는 사람들을 위해 온화 천사가 되어 줄 수 있을 것이다. 그들에게 많은 말을 할 필요는 없다. 아마도 그대의 온화한 눈길 속에서, 그들 역시 자기 삶을 다른 눈으로 볼 수 있음을, 즉 냉혹하고 비판적인 눈이 아니라 모든 것을 온화한 가을 햇살 속에 잠기게 하는 부드럽고 온화한 눈으로 볼 수 있음을 감지하게 될 것이다.

40

겸손 천사

독일어 '데무트'Demut(겸손)는 고대 고지 독일어 '디오무오티'*diomuoti*(dienstwillig, 남의 일을 잘 봐주는)에서 나왔다. 여기서 '디넨'dienen은 게르만의 귀족과 왕 사이의 충성 관계 안에서 '종으로 있다, 누군가를 위해 달리는 사람으로 있다'라는 의미를 가지고 있다. 게르만인들은 라틴어 '후밀리타스'humilitas(겸손)를 이 말로 번역했다. 그러면서 그들은 그 라틴어를 그들 방식대로 해석했다. 그들에게 겸손이란 봉사하려는, 즉 다른 사람을 대신해서 일을 보고, 다른 이를 위해 달리는 삶에 봉사하려는 용기를 본질로 하는 것이었다. 이러한 의미 속에는 자기 자신과 자기의 욕구를 외면하고 자기 자신으로부터 벗어나 다른 이들을 위해 힘쓰겠다는 각오가 함께 들어 있다. 그러나 이러한 해석으로 '후밀리타스'의 성서적 개념이 만족할 만하게 표현되었다고 보기는 어렵다. 겉모양만 갖춘 셈이다.

'후밀리타스'는 '후무스'*humus*(땅, 흙)에서 유래한 말이다. '후밀리타스'는 자기 자신의 자연성을 받아들이려는 용기를, 즉 우리는 흙에서 왔으며 우리 인간은 살과 피와 본능과 생명에 관한 모든 욕구를 가진 존재라는 우리의 진실과 화해하려는 용기를 말한다. 자기 자신의 진실을 바라보려는 그러한 용기를 가지지 않은 사람은 장님과 같다. 요한 복음서 9장의 유명한 눈먼 사람 치유 이야기가 그것을 뚜렷이 보여 준다. 태어날 때부터 눈이 먼 그는 끔찍한 어린 시절을 체험했을 것이고, 그래서 그에게는 현실 앞에 눈을 감아 버리는 것 외에 다른 방도가 없었을 것이다. 그는 살아남기 위해 자기 자신의 세계를 준비했다. 다른 이들이 그에게 덮어씌운 부정적인 표상들에 대비對比하여 고귀한 이상상理想像을 준비해 놓은 것이다. 그러나 그러한 이상상은 그 자신의 실상과 일치하지 않았다. 그리하여 그것에 대해 눈을 감아 버릴 수밖에 없었다. 이제 예수께서 그를 치유하신다. 땅바닥에, 흙에 침을 뱉어 개어서 이 불결한 진흙덩이를 장님의 눈에 갖다 바르신다. 흡사 이런 말씀을 그에게 해 주시려는 듯이. "그대 역시 흙에서 왔으니, 그대 안에 있는 오물과 화해하라. 그래야만 다시 볼 수 있다. 그대에게는 진실에 대한, 그대의 인간성과 그대의 자연성에 대한 용기가 필요하다. 그러면 그대는 열린 눈으로 이 세상을 통과해 갈 수 있다."

자신의 진실에 대한 용기로서의 겸손은 수도자들에게는 진정한 영성 생활의 표지다. 영적인 길을 걷노라며 오히려 뻐기는 마음을 품은 채 기분과 충동에 좌우되는 사람들을 얕보는 사람은 아직 자기 자신의 진실을 만나지 못한 사람이다. 헤세Hermann Hesse는 『싯다르타』에서 매혹적으로 그것을 묘사한다. 처음에는 엄한 고행으로 자신을 단련했지만 좌절하고 만 싯다르타가 세상 속에 뛰어들어 온갖 욕구대로 삶을 탕진하다가, 마침내는 그런 삶에 염증을 느끼고 다시 떠나가는데, 강가에서 갑자기 큰 깨달음을 얻는다. 그때 "어린애 같은 사람들"이 강을 가로질러 배를 저어 가는 모습을 바라본다. 이전 같으면 그들을 그저 얕보고 말았을 것이다. 그러나 이제는 그들과 함께 느끼며, 그들과의 깊은 일치를 감지한다. 자기도 그들과 똑같은 존재인 것이다. 그는 그들에게서 연민을 느끼지만 희망 또한 가지고 있다. 그는 아무에게도 죄가 있다고 하지 않는다. 모든 것을 변화시킬 수 있는 더 위대한 사랑이 그들 모두에게도 적용된다는 사실을 아는 것이다. 겸손 천사는 그를 제자로 받아들여, 그가 그들에게로 그리고 그 자신의 진실로 내려갈 준비가 되어 있을 때만, 그 사람들과의 그리고 자기 자신과의 일치를 경험할 수 있음을 가르쳐 주었다.

 겸손한 사람이란 자기 자신을 굴복시키거나, 자기 능력을 믿을 수 없다는 이유로 온갖 과제를 기피하는 사람이 아니다. 그릇된 자기 비하로 자신의 가치를 절하하는 굽실거리는 사람도 아니다. 오히려 자기 자신의 실상을 똑바로 대할 용기를 가지고 있고 또 그렇기 때문에 분별 있게 행동하는 사람이다. 이런 사람은 이 세상의 온갖 나락이 자기 안에도 있음을 알고 있다. 그렇기 때문에 아무도 단죄하지 않는다. 자기 진실의 땅을 향해 몸을 낮추었기 때문에, 기가 꺾이고 좌절해 있는 사람들을 위로해 주는 겸손 천사가 될 수 있는 것이다.

'후밀리타스'는 유머와도 관계가 있다. 겸손한 사람은 유머가 있다. 그는 자신에 대해 웃을 수 있다. 자기와의 사이에 간격을 두고 있는 것이다. 그는 태연하게 자기를 바라볼 수 있으니, 곧 자신이 있는 그대로, 즉 지상의 인간이며 동시에 천상의 인간으로, 결함과 약점투성이의 인간이면서 동시에 사랑스럽고 귀중한 가치가 담긴 인간으로, 그렇게 존재하는 것에 스스로 동의한 까닭이다. 겸손 천사가 그대의 자연성과 인성 안에서 자신을 받아들이고 사랑할 수 있는 용기를 주기를. 그래서 그대에게서 희망과 신뢰가 흘러나와 그대가 만나는 모든 이에게로 퍼지기를. 겸손 천사는 그대 주변에 하나의 공간을 마련해 줄 것이니, 그 안에서 사람들은 곧바로 진실된 삶으로 올라가기 위해 먼저 자신의 현실로 내려올 용기를 낼 수 있을 것이다.

41

성취 천사

독일어에서 '에어퓔룽'Erfüllung(성취)이라는 말은 여러 가지 의미가 있다. 우리는 소망과 동경이 실현되기를 갈망하면서도, 동시에 어느 누구도 우리 마음속 가장 깊은 곳에 있는 동경들을 채워 줄 수는 없음을 알고 있다. 한 사람을 사랑하게 되면 그의 사랑으로 우리 자신이 충만해짐을 느끼기는 하겠지만, 동시에 우리 안에는 어떤 절대적인 사랑에 대한, 절대적인 보호와 절대적인 지주支柱에 대한 동경이 생겨나게 마련이다. 그런데 유한한 인간으로서는 어느 누구도 절대적인 것을 베풀어 줄 수 없다. 예로부터 사람들은 소망이 성취되기를 바랄 때 천사들에게 도움을 청해 왔다. 스스로는 아무것도 성취할 수 없음을 감지했던 것이다. 충분한 돈이 있다면 새 옷이나 새 자동차에 대한 소망은 과연 실현할 수 있겠지만, 성공적인 우정이나 건강이나 알맞은 직장에 대한 소망을 이루기 위해서는 성취 천사가 필요하다. 그것은 우리 손안에 있지 않은, 더 높은 능력에 속한 것이기 때문이다. 그때 모든 이들은 각자 자기 천사에게 원조를 청할 것이다. 그가 자기를 도와서, 자신이 온 마음으로 간절히 갈망하는 것을 이루어지게 해 달라고.

'성취하다'란 '실행하다, 완성하다'라는 의미도 있다. 성취 천사는 그대가 꾀했던 것을 실행하려 할 때도 힘을 북돋아 주고자 한다. 어떤 일을 반쯤만 하고 만다면, 무엇을 시작만 했을 뿐 끝을 맺지 못한다면, 그것은 그대에게 아무런 유익도 될 수 없다. 반쯤 수리된 방보다 더 나쁜 방은 없을 것이다. 남자친구나 여자친구에게 보내려고 쓰기 시작했다가 끝까지 써 내려가지 못한 편지는 그대의 마음만 심란하게 할 것이다. 시작한 것을 끝마칠 수 있도록 시종일관하는 힘을 선사해 줄 성취 천사가 필요하다. 그런 다음에야 새로운 힘을 가지고 다음 계획을 향해 나아갈 수 있다. 일단 시작했지만 완성하지 못한 일은 그대에게서 자신감을 앗아 가고 만다. 언제나 부서진 조각으로만 살아갈 수는 없는 노릇이다. 그대 역시 언젠가는 온전하고 완벽한 무엇을 동경할 것이다.

그리고 그것이 성취가 가진 의미로, 곧 '완전함'이다. 완전에 해당하는 그리스어는 '텔로스'*telos*다. 끝, 목표, 온전함, 완성, 완전함 등의 의미를 가지고 있다. 요한 복음서에는 예수 그리스도의 사랑이 몇 번이고 거듭 이 말씀으로 묘사된다. "세상에 있는 당신의 사람들을 사랑해 오신 그분은 이제 그들을 끝까지 사랑하셨다"(요한 13,1). 그분이 십자가 위에서 돌아가실 때는 "다 이루어졌다"(요한 19,30)고 말씀하신다. 이 말은 중세의 종교극에서 거룩한 사건을 종결지을 때 쓰던 문장을 상기시킨다. 그때 완전함이란 하느님의 신비 속으로의 봉헌을 말한다. 하느님만이 완전하고 온전하시다. 우리가 어떤 사람을 두고 그는 충만한 삶을 살아왔다고, 그는 충만하고 완전한 사람이었다고 말한다면, 늘 다음과 같은 의미도 함께 있는 것이다. '그는 하느님의 충만함에, 오직 하느님만 주실 수 있는 완전함에 참여했다.' 성취 천사는 그대를 완전함의 신비 속으로, 동시에 하느님의 신비 속으로 이끌어 가고자 한다. 그대가 완성한 모든 것 안에서, 하느님 안에 있는 완전에서 나오는 어떤 것이 번쩍 빛을 발할 것이다. 그때 그대의 삶이 완전해지리라는 예감을 얻을 것이다. 때때로 어쩌면 그대의 삶이 하나로 모으지 못한 수많은 파편들로 이루어져 있다는 인상을 가질지도 모른다. 유다인 신비가들은 깊은 신앙 안에서, 그리고 자신들이 겪은 고통의 해석 안에서 바로 그 경험을 했다. '부서진 마음만이 온전한 마음이다.' 성취 천사는 그대 삶의 수많은 파편들이 접합되어 완성된 전체가 될 것임을, 그리고 그대의 삶이 온전해져서 건강하고 충만하며 완전한 것이 될 것임을 보여 주고자 한다. 그대는 이제 더 이상 그대 안에 있는 저항적인 소망과 욕구들 사이에서 이리저리 끌려다니지 않을 것이다. 그대는 온전하며 또 충만하다. 성취 천사가 그대 안에서 찢어진 것은 접합시키고 온전하지 못한 것은 완전하게 한 것이다. 그렇게 그는 일치와 완전함에 대한 그대 내면의 가장 깊숙한 곳에 있는 동경을 실현하고 있다.

42

끈기 천사

　　　　　　많은 이들이 한 해나 한 주일 또는 하루를 시작할 때 무엇인가를 계획한다. 읽은 어떤 책에서 깊은 감동을 받고는 그것을 계기로 즉시 자기들의 삶을 바꾸고자 한다. 또는 어떻게 하면 시간을 더 잘 활용할 수 있는지, 또 자기의 결점을 어떻게 고칠 수 있는지, 그것에 대한 강연을 듣기도 한다. 그리하여 활기에 넘쳐서 일에 뛰어들지만 그러나 얼마 안 가서 기세는 이미 약해지고 만다. 성가시게 느껴지기 시작하고, 그다음에는 포기하게 된다. 갑자기 자기가 하고 있는 일에 대해 더 이상 아무런 재미도 느낄 수 없다. 무엇보다도 어떤 성과를 보지 못했다. 아무런 목적도 가지고 있지 않았으니까 계속해서 그 일을 해 나갈 수 없으리라는 건 진작부터 뻔한 일이었을지도 모른다. 하지만 그들은 하나의 계획을 포기하면서 자기 자신의 한 부분도 포기한다. 더 이상 자신을 믿지 못한다. 체념해 버린다. 무의미하다는 느낌이 몰래 스며들다가 결국 모든 것이 아무 의미가 없는 것이 된 채 옛 그대로 남아 있고 만다. 나는 고쳐질 수 없다. 나아질 수 없다. 옛 교부 포이멘Poimen은 그런 체념적인 사고로 가득 차 있는 한 젊은 수도자에게 다음과 같이 말했다. "어떠한 일을 좋아하기는 하면서 그것을 배우려 들지 않는다면 무슨 유익함이 있겠는가?" 그러니 그대에게 맞는 일을 익히라. 그리고 한탄하기를 그만두라!

끈기 천사는 그대가 작정한 일을 지속할 수 있도록 이끌고자 한다. 속담처럼 "좋은 계획이라도 실행이 따르지 않으면 파멸을 가져오기 쉽다." 거듭 다시 무슨 일을 결심하더라도 그것을 관철하지 않으면, 이미 파멸을 준비하는 셈이다. 그렇게 되면 이제 그대의 삶은 자책의 거대한 불길이 되어 그대를 삼켜 버릴 것이다. 끈기 없는 삶은 존립할 수 없다. '다우어'Dauer(지속)는 '두라레'durare(존속하다, 지속하다, 영속하다, 늘어나다)에서 유래했다. 지속적으로 끈기 있게 종사하지 않는다면 견고한 상태에 이르지 못한다. 온 데를 여행하고 온갖 것을 맛보더라도 아무것도 성장한 것이 없을 것이다. 뿌리를 내릴 수 있는 것만이 존속할 수 있다. 예수 친히 끈기 없는 사람을 하느님 말씀이 떨어진 바위투성이의 땅에 비유하신다. "자기 속에 뿌리를 내리지 못하고 한때뿐입니다. 이윽고 말씀 때문에 환난이나 박해가 일어나면 곧 걸려 넘어집니다"(마르 4,17). 고통스러운 때가 닥치자마자, 저항을 감지하자마자 곧 포기하고 말 것이며, 결국 점차로 어떤 것도 더 이상 믿지 못하게 될 것이다.

바로 그다음 번으로 그대에게 끈기 천사가 필요한 곳이 어디인지 숙고해 보라. 아마도 모든 것이 그대가 좋아하는 대로 진행되지 않는 그대의 일터가 아니겠는가. 그런데도 계속 그 일에 머무른다면, 즉시 포기하지 않는다면, 그곳의 상황은 결코 바뀌지 않을 것이라고 끊임없이 그대 자신을 부추기지만 않는다면, 그대는 그대의 일터의 상황이 변할 수 있음을 보게 될 것이다. 또는 그대가 가진 인간적 약점에 끈기 천사가 필요할 수도 있다. 그대는 이미 여러 번, 그대가 벌컥벌컥 화내는 것을 좀 더 잘 다스려야겠다거나 또는 식사상의 문제점들, 이를테면 편식 습관 같은 것을 잘 좀 해결해야겠다고 계획을 세워 왔음을 기억한다. 그러나 그 모든 것이 아무 소용도 없었다. 우선 필요한 것은 사실적인 목표를 세우는 것이며, 환상을 좇는 일이 없어야 한다. 자신이 정말 고칠 수 있는 것이 무엇이며, 자신과 화해해야 할 성격이 정말 어떤 것인지를 알아야 한다. 그리고 무엇인가를 고쳐야겠다고 계획을 했으면 계속 그 일을 지속해야 한다. 만약 잘 이루어지지 않는다면 잘못된 시도는 아닌지, 또는 과중한 계획은 아닌지 자신에게 물어봐야 한다. 그러면 다음번에는 그대에게 맞는 분별 있는 목표를 세울 것이다. 그러나 그것을 지속해야 한다. 그래야 인내한 보람이 있을 것이다. 끈기 천사는 '내 안에서 무엇인가가 변한다는 것이 가능하구나!' 하는 느낌을 줄 것이다. 내가 끈기 있게 어떤 일에 머물러 있을 때 그것은 내게 큰 즐거움을 가져다준다. 하지만 나는 그 사실에 전혀 공헌한 바가 없다. 무엇인가가 변하게 해 준 것이다. 그러니 그대는 결코 혼자가 아니라는 사실을 믿어라. 포기하고 싶은 마음이 생기면 그대 주위를 둘러보라. 그러면 그대 옆에 서 있는 끈기 천사를 보게 될 것이다. 그는 그대의 삶이 견고한 토대를 얻게 될 때까지, 존립과 영속을 지니게 될 때까지 그대 곁을 떠나지 않을 것이다.

43

신뢰 천사

　　　　　　　나는 수없이 이렇게 탄식하는 소리를 들어 왔다. "나는 아무것도 믿을 수가 없어. 나는 어렸을 때 어떤 원초적 신뢰 — 인간이 태어날 때부터 모자母子의 관계로 인해 습득한 주위 세계에 대한 신뢰 — 도 받아 본 적이 없어. 나의 신뢰는 너무나도 빈번히 어긋나고 말았지. 아무리 바란다 해도 다른 사람을 믿는 일은 내겐 더 이상 이루어지지 않아." 그런 사람들은 보통 홀로 머문다. 다시 실망하게 될세라 감히 다른 사람을 향해 갈 용기가 없다. 어떤 다른 사람이 사랑을 베푼다 해도 믿지 못한다. 즉시 의심한다. '그 사람은 나를 동정하기 때문에, 또는 나에게서 무엇인가 원하는 게 있거나, 나를 통해 자신의 목적을 이루려는 마음이 있기 때문에 나를 사랑하는 것일 뿐이야'라고. 그런 사람들에게는 "정말 순수하게 그대로 믿어야지요!"라고 말해 준다고 해도 그것이 별로 도움이 되지 않는다. 정말 믿고 싶지만, 그러나 그게 잘 안된다. 그 원인은 보통 어린 시절에 있다. 그런데 그들은 그 원인을 찾아낼 수 없었다. 어떤 사람은 어린아이 때부터 부모의 신뢰성을 체험해 왔다. 그리하여 부모뿐 아니라 다른 사람들에 대해서도 깊은 신뢰심을 가지고 다가갈 수 있다. 그렇다. 그는 삶에 대해, 존재에 대해, 그리고 하느님에 대해 근본적인 믿음을 가지고 있다. 그렇기 때문에 자기 삶을 감행할 수 있다. 모든 것이 잘 되리라는 확신이 그의 근간을 이루고 있기 때문에 이런저런 모험도 무릅쓰게 된다.

내가 그대에게 신뢰 천사를 원하고 있다면, 그것은 그대가 어렸을 때 부여받았던 불신뢰에 결코 속수무책으로 내맡겨진 존재가 아님을 믿기 때문이다. 그대는 신뢰를 배울 수 있다. 신뢰 천사의 제자가 될 수 있다. 그렇다고 물론 오늘부터 신뢰하겠다는 것을 간단히 결정할 수는 없을 것이다. 신뢰는 자라나는 것이다. 거기에는 다른 사람들이 실제로 믿을 만하다고 입증된 경험이 필요하다. 그러나 그대에게도 다른 이들이 그대에게 보이는 신뢰도를 믿으려는 준비가 필요하다. 그대가 불신의 눈으로 여자친구나 남자친구를 바라본다면, 그들은 그대에게 자기들의 신뢰를 증명할 기회를 가지지 못할 것이다. 그러니 그들이 말하고 행동하는 모든 것이 부정적으로 해석될 수밖에 없다. 그러므로 최소한 신뢰를 충분히 음미할 시간을 가져야 한다. 그렇다면 어떻게 그것을 실행할 수 있을까? 그대는 마치 그대의 신뢰가 의심의 여지가 없는 것처럼 행동할 수 있을 것이다. 그대의 친구가 그대에게 말한 모든 것을 곧이들을 때, 그대가 그를 완전히 신뢰할 때, 그것이 그대에게 어떤 결과를 가져다주는지 한번 실험해 볼 수도 있을 것이다. 물론 그때에도 그대의 신뢰 속으로 다시 의심이 슬며시 들어올 수 있다. 하지만 그런 경우에는 나중을 위해 그 의심을 한번 삼가 보자. 최소한 일주일 동안만이라도 여자친구를 믿어 보라. 그러면 그것이 그대에게 얼마나 유익한지, 그리고 어떻게 해서 그녀를 신뢰하는 것이 점점 더 옳은 행위로 판명되는지 보게 될 것이다.

물론 무엇인가를 믿을 경우 위험은 따르게 마련이다. 그 신뢰가 올바르다는 보증은 없다. 그런 경우 내가 아주 철저하게 보호받고 있음을 느끼는 것이 도움이 된다. 나는 나 자신이 어떤 더 높은 힘에 의해 보호받고 있음을 알고 있다. 어떤 사람이 나의 신뢰를 악용한다 하더라도 당신의 선하신 손으로 나를 감싸 받쳐 들고 계시는 하느님을 나는 믿고 있다. 이러한 하느님께 대한 신뢰가, 어떤 사람이 나의 신뢰를 악용하는 일이 있을 때에 일어날 수 있는 침울의 나락으로 빠져들어 가는 것으로부터 나를 지켜 준다.

예로부터 사람들은 수호천사 하나가 자기를 동반한다고 믿어 왔다. 복잡한 교통에 위험을 느낄 때뿐 아니라, 신뢰가 악용될 수도 있다는 불안한 마음이 들거나 이런저런 사람을 믿어야 할지 아닐지 의심이 들 때에도 늘 수호천사들을 불러 왔다. 그대 자신이 언제나 신뢰 천사에 의해 둘러싸여 있다는 걸 그대가 알 수 있기를. 물론 그렇다 해도 어떤 사람을 제대로 신뢰할 수 있을지 없을지 백 퍼센트 정확하게 알지는 못할 것이다. 하지만 누군가가 실망시킨다 하더라도 신뢰의 자세에서 현저하게 벗어나지는 않을 것이다. 신뢰 천사가 계속 동반하면서 그대 자신을 믿고 또한 사람들에 대한 신뢰를 감행할 용기를 거듭 북돋아 줄 것이니까. 신뢰란 말할 것도 없이 바로 내가 나 자신을 내 능력 밖에 있는 어떤 것에 관련시키는 것을 말한다.

모험이란 본질적으로 신뢰에 속한 것이므로 신뢰 천사가 나를 둘러싸고 있음을 아는 것은 다행한 일이다. 그 천사는 내 능력을 벗어나 있는 것과 접촉한다. 그리고 사람들에 관해 내게 필요한 더 심오한 차원의 신뢰를 선사한다. 그는 나를 사람에 의해서는 결코 완전히 파괴될 수 없는 신뢰로 이끄는 것이니, 곧 그 신뢰가 그들의 힘에서도 역시 벗어나 있는 까닭이다.

이러한 신뢰는 내게 끊임없이 신뢰심을 가지고 다른 사람을 향해 갈 수 있는 자유를 선사한다. 그리고 나로 하여금 나의 삶을 감행하는 것을, 위험을 무릅쓰는 것을 가능하게 한다. '모험하는 사람만이 얻을 수 있다'라는 속담이 있다. 그것이 잘될지 아닐지 모든 것을 미리 점검해 보려는 사람에게는 삶이 손가락 사이로 물 빠지듯이 새어 나가고 말 것이다. 신뢰 천사는 그대를 점점 더 깊이 삶에 대한 신뢰 속으로, 사람들에 대한 신뢰 속으로 이끌고 싶어 한다. 그러면 어렸을 때 얻은 파손된 신뢰에 의해 그대가 결정되어 있는 것은 아님을 볼 것이다. 천사는 그대의 신뢰를 견고한 토대 위에 세우고자 한다. 그대가 그 위에 그대의 삶을 건설할 수 있도록.

44

자비 천사

가난한 이들이나 고아들과 불행한 이들, 외롭고 불쌍한 이들을 위한 마음을 가진 사람은 자비로운 사람이다. 그러나 그가 가난한 이들을 위한 마음을 가질 수 있기 전에 먼저 자기 자신 안에 있는 가난과 불행에 대한 마음을 가지고 있어야 한다. 먼저 우리 자신을 자비롭게 대하는 법을 배워야 한다. 독일어 '바름헤르치히카이트'Barmherzigkeit(자비)는 라틴어 '미세리코르디아' misericordia(비참한 이들과 불행한 이들에 대해서 가지는 마음)의 직역이다. 유다인들이 자비에 대해 말할 때 자연스럽게 떠오르는 것은 어머니의 모태다. 자비로우신 하느님은 우리를 어머니 같은 당신의 모태 안에 가득한 사랑으로 품고 계시다. 어머니처럼 그분은, 당신이 우리의 모습으로 만들어 놓으신 형상 안으로 우리가 점점 더 성장해 들어가기까지 기다려 주실 수 있다. 예수께서 사람들에 대해 측은한 마음을 가지심을 묘사할 때, 성서에서는 종종 그리스어 '스플랑크니조마이'*splanchnizomai*를 사용한다. '애가 탄다'라는 의미다. 애는 상처받기 쉬운 감정들이 들어 있는 장소다. 자비롭다는 것은 나 자신이 상처받기 쉬운 그곳에 다른 이를 들여놓는다는 의미다. 그밖에도 성서에는 자비에 대한 또 다른 말이 있다. 바로 다정, 공감, 동정을 의미하는 '엘레오스'*eleos*다.

자신을 자비롭게 대함은 자신에게 다정하게 머물러 있음, 자신과 좋은 관계를 맺음을 의미한다. 자기에 대해 격노하거나 많은 계획들로 자기에게 과중한 요구를 하는 것이 아니라, 먼저 내가 이루어진 그대로 나를 위한 마음을 가지는 것, 내 안에 있는 약하고 고아가 된 것을 위한 마음을 가지는 것을 말한다. 우리는 종종 우리 자신을 학대한다. 어떤 잘못을 저지르면 가차 없이 자신에게 유죄판결을 내리고, 일이 뭔가 꼬이면 서슴지 않고 자신을 비방한다. 우리 안에는 어떤 무자비한 재판관, 즉 우리의 모든 사상과 감정을 판단하고, 만일 우리가 그 요구에 상응하지 못하면 우리를 처벌하는 비정한 초자아가 있다. 이 무자비한 초자아에 우리는 종종 어떻게 대항해 볼 도리가 없다. 그때 우리에게는 잃었던 아들을 쫓아내지 않고, 그를 되찾게 된 기쁨으로, 죽었던 아들이 다시 생명을 얻게 되었다는 기쁨으로 잔치를 열어 주는 자비로운 아버지를 우리 눈앞에 보여 주는 예수의 말씀이 필요하다. 바로 우리 안에 있는 내적인 재판관의 힘을 빼앗아 우리 마음을 측은지심의 사랑으로 가득 채울 자비 천사가 필요하다. 단지 이성과 의지만으로 자비를 결심하는 것은 충분치 않다. 우리의 무의식 속에는 냉혹한 초자아의 무자비함이 깃들어 있다. 그것을 극복하기 위해서는 자비 천사의 자비가 필요하다.

자신과 자비로운 관계를 맺는다면 다른 사람들에 대한 자비도 배울 수 있다. 많은 사람들이 병들고 외로운 사람들을 위해서는 자비심을 가지고 전력을 기울이면서 정작 자기 자신에게는 철저하게 무자비하다. 다른 모든 사람을 위한 마음은 있건만 자기 자신을 위한 마음만은 여지조차 없는 것이다. 다른 이들을 위해 살겠다고 자신의 온갖 욕구를 눌러 버리기 때문이다. 자신에 대한 무자비가 다른 이들에 대한 도움으로 변조되는 수가 있다. 그때 나의 사랑 안에 슬며시 어떤 욕심이 스며들 수 있다. 그래서 나의 위대한 사랑이 존경을 받지 못하면 언짢아진다. 내가 다른 사람을 마음으로 사랑할 수 있기 위해서는, 내가 진정 그 사람을 위한 마음을 가질 수 있기 위해서는, 먼저 내 마음과 접촉해야 한다. 그런 다음 내 안에 있는 모든 가난과 불행으로 마음을 돌려야 한다. 그래야 나는 자비로워질 수 있다. 그러면 다른 이들을 함부로 단죄하지 않을 것이며, 그들을 내 마음 안에 있는 온갖 불행한 것과 상심한 것, 비참한 것, 초라한 것과 함께 받아들일 것이다. 그러면 나의 도움은 그들에게 어떤 그릇된 양심으로 전달되지는 않을 것이다. 그들은 오히려 내 마음 안에서 자기 자리와 고향을 발견하게 될 것이다. 자비 천사가 그대를 가르쳐 그대와 사람들 안에 있는 가난에 대해 그대 마음을 열 수 있기를. 그러면 그대 마음은 어머니의 모태처럼 될 것이고, 그 안에서 그대 자신과 다른 이들이 자라날 수 있을 것이다. 그러면 그대 가까이서 다른 사람들 역시 자기 마음과 접촉하게 되고, 자신에게 무자비한 판결을 내리기를 그만둘 것이다. "(자비의) 마음을 가진 자는 구원될 수 있다"라고 4세기경의 한 수도자는 말했다. 가난과 약함에 대한 마음을 가지고 있다면 그대의 삶은 성공할 것이다. 그러면 천사가 그대 마음속에 살고 있는 자비를 보며 기뻐할 것이다.

45

위로 천사

어떤 상실을 겪게 되었을 때, 우정이 깨졌을 때, 어떤 사람이 우리에게 깊은 마음의 상처를 주었을 때, 사랑하는 사람이 죽음을 통해 우리 곁을 떠나갔을 때, 그럴 때면 언제나 위로라는 말이 등장한다. 위로에 대한 체험이 얼마나 다양하게 존재할 수 있는지 그 언어를 살펴보면 알 수 있다. 독일어 '트로스트'Trost(위로)는 '트로이에'Treue(신의, 충실)와 어간이 같다. 따라서 그것은 견고성과 관계가 있다. 상실의 고통을 겪은 자는 자기의 평형을 잃기 쉽다. 그에게는 견고함과 지구력을 선사할 누군가가 필요하다. 그리스어 성서는 '위로하다'라는 말을 '파라칼레인' *parakalein*으로 사용한다. '불러들이다, 초대하다, 도움을 주다, 힘을 북돋우다, 위로하다, 좋은 말을 건네다'라는 뜻이다. 무엇인가 아쉬워 고생하는 사람에게는 곁에서 거들어 줄 천사가 필요하다.

두 팔로 감싸 안고 상냥한 말로 위로해 줄 천사가 필요하다. 그리스인들에게 위로한다는 것은 무엇보다도 말을 통해서, 즉 갖가지 상실이 야기한 처음의 무의미성 속에 다시 어떤 의미를 세우는 말들을 건네는 것을 통해서 일어난다. 그러나 그 말들이 단순히 무슨 희망을 주어서 달래는 것이 되지 않도록 해야 한다. 무슨 희망을 주어 달랜다는 것은 그 사람 자신을 외면하는 것이기가 쉽다. 달랜다고 하면서 진정 잘 위로해 주는 것이 아니라 정작 그 사람에게 중요한 핵심은 빼고 나 자신도 아무 확신이 없는 말을 하는 것이다. 위로란 다른 사람의 마음에 닿는 말, 그 사람에게 개인적으로 중요한 가치가 있는 말, 그 사람의 마음속으로 밀고 들어갈 말이다. 마음에서 마음으로 가닿는 말이다. 뜻 없이 아름다운 말만이 아니라 내 마음속에서 흘러나와 그 사람의 가슴을 때리고 새로운 눈을 열어 주며 단단한 땅을 딛고 서게 해 줄 그런 말이다.

'위로하다'라는 말을 라틴어로는 '콘솔라리'consolari라고 한다. 혼자인 사람과 함께 있는 것, 자기의 고통과 상실, 곤궁으로 홀로 남겨진 사람과 함께 있는 것을 의미한다. 괴로움이 그의 입과 마음을 닫아 버려 자기 자신 안에 갇혀 있는 사람에게로 들어서는 것이다. 모두가 다 그렇게 할 수 있는 것은 아니다. 고통 뒤에 숨어 웅크리고 있는 사람의 집을 찾아갈 용기가, 다른 이의 헤아릴 수 없는 괴로움과 고독이 자기를 기다리고 있는 상가喪家에 발을 들여놓을 용기가 누구에게나 다 있는 것은 아니다. 그런 사람과 함께 있다는 것은 또한 그의 고통을 함께 나누고, 그 사람 곁에서 그의 고통 안에 머문다는 것을 의미한다. 내가 어딘가에서 읽었던 경건한 말들에 의지하면서 표면적으로 위로해 줌을 말하는 것이 아니다. 그 사람의 집에 발을 들여놓아야 한다. 그리고 어둠과 상심과 고통이 가득한 그의 집을 버텨 내야 한다. 그대가 상가에 발을 들여놓는 일을 할 수 있다면, 상을 당한 이는 그대를 위로 천사로 느낄 것이다. 그러면 그는 하느님의 천사가 그대를 통해 마치 "높은 데서 별이 우리를 찾아"오듯 자신을 찾아옴을 경험할 것이다(루카 1,78).

예로부터 고통을 겪을 때면 천사더러 찾아와 곁에 있어 달라고 간청해 왔다. 바흐Johann Sebastian Bach는 미카엘 대천사 칸타타에 나오는 테너 아리아에서 그것을 인상적으로 노래했다. "천사들이여, 내 곁에 있어 주오. 내 발이 미끄러지지 않도록 이끌어 주오." 우리가 고통 속에서 혼자 남겨지는 것이 아니라, 우리의 고통이 감사의 노래로 변할 때까지 하느님의 천사들이 우리를 동반하여 우리와 함께 머무르며 같이 견뎌 내고 있음을 믿는 열정적인 노래다. 그대가 슬픔에 빠져 있을 때도 천사가 그대를 위로하며 다시 의연함을 주기를. 그대 마음이 흔들릴 때면 친절한 말로 위로해 주기를. 그대가 고통으로 인해 말을 잃게 되었을 때는 그대의 고독 속으로 찾아와, 그대는 더 이상 혼자가 아니며, 천사가 그대 옆에 서서, 그대의 모든 길을 함께 걸어간다는 느낌을 전달해 주기를. 그대가 위로 천사에 대해 잘 알고 있다면, 자신 있게 그대의 슬픔과 맞설 수 있을 것이며, 틀림없이 그 슬픔을 간과하지는 않을 것이다. 위로받은 슬픔은 더 이상 그대를 무력하게 만들지 않을 것이며, 그대를 그대 존재의 신비 속으로 깊숙이 이끌 것이다. 곧 '온 세상의 위안'으로서 우리의 슬픔 가운데로 내려오신 예수 그리스도의 신비 속으로.

46

현명 천사

현명은 사추덕의 첫째 덕목이다. 지금 여기서 나에게 타당하고 도움이 되는 것이 무엇인지를 알아내는 능력이다. 라틴어로는 '프루덴티아'prudentia라고 하는데, '프로비덴티아' providentia에서 유래하며 '주의, 선견지명, 통찰' 등을 뜻한다. 현명한 사람은 앞일을 예견하며 사려 깊게 행동한다. 현존하는 것 이상의 것을 내다본다. 넓은 시계視界를 가지고 있으며, 현실을 보이는 모양대로 판단하지 않는다. 그리스 철학자 아리스토텔레스에게 현명은 다른 모든 덕행들의 전제다. 우선 현실을 올바로 인식해야 한다. 그래야 그것에 맞게 행동할 수도 있다. 피퍼Josef Pieper에 따르면, 덕은 '자신이 지금 있는 그곳의 본래 목적에 맞게 존재하고 행동하도록 사람을 쓸모 있게' 만든다. 나의 삶은 내가 현실에 상응하게 삶의 방향을 설정할 때만 쓸모가 있다. 옛 사람들은 현명을 지혜와 구별한다. 지혜는 존재의 신비를 인식하는 데 반해, 현명은 현실에 대해 인식한 바를 매 순간 어떻게 적용하며, 어떻게 실제 삶에 옮길지를 안다.

어떤 결정을 내려야 할 때 현명 천사가 필요하다. 현명 천사는 그대보다 더 넓은 시야를 가지고 있다. 아주 거대한 시계를 가지고 있어서, 그대의 결정이 어떤 결과를 가져올지를 능히 예견한다. 그러므로 그대의 결정에 가장 중대한 동기부여를 하는 것이 무엇이며, 어떠한 결정이 현실에 가장 적합할지 분별할 수 있기 위해 현명 천사에게 물어봐야 한다. 어떤 상황에 대해 정확한 판단을 내려야 할 때도 현명 천사가 필요하다. 어떤 분쟁을 조정하는 일에 그대가 불리게 되는 수가 있을 것이다. 그때 많은 이들은 필요한 건 단지 사랑하는 것이라고 지나치리만큼 열성으로 말한다. 그러면 틀림없이 모든 것이 다시 제자리를 잡게 될 것이라고. 하지만 현명한 사람은 그 상황을 정확하게 직시한다. 갈등의 원인에 대해 묻는다. 그리고 갖가지 의견을 조회해 본다. 그런 다음 모든 것을 들어 보고 깊이 생각한 뒤에야 판단을 내린다. 그러고 나서 분쟁을 조정할 방도를 찾아본다. 현명한 사람은 올바른 판단을 내릴 수 있기 위해 모든 것을 알아보고, 모든 것을 이해하려 한다.

예수께서는 바위 위에 자기 집을 짓는 자를 현명한 사람이라 일컬으신다. 그는 서두르거나 성급하게 행동하지 않는다. 자기 집을 자기 환상이나 자기 영감의 모래 위에 짓는 것이 아니라, 예수께서 산상 설교를 통해 표명하신 대로 의로운 생활 태도의 바위 위에 짓는다. 현명한 사람은 모든 것을 깊이 헤아리고 살펴본다. 심사숙고하여 행동한다. 그래서 무엇이 문제인지를 알아낸다. 현명한 사람이란 박식한 사람이 아니라 본질적인 것을 인식하고 숙고하는 사람이다. 예수께서는 어려운 상황 가운데서 정확하게 적당한 해결책을 찾아낸 불의한 청지기의 영리함을 칭찬하신다. 가망 없는 상태에 빠져서 그 청지기는 어떻게 하면 자존심을 잃지 않고 제 잘못을 처리할 수 있는지를 인식한다. 현명한 사람은 그 순간에 알맞은 해결책을 찾아낸다. 현명한 처녀들은 미리 준비하고 있다. 그들은 그 순간을 초월하여 저 앞을 내다보며 미래를 염두에 두고 있지만, 어리석은 처녀들은 단지 그 순간 안에서만 살고 있다. 현명은 분명히 우리의 삶이 성공하기 위한 전제이다.

교활을 종종 현명에 관련시키는 수가 있다. 그러나 그것은 같은 의미가 아니다. 독일어 '클루크'klug(현명한)은 본래 '영리한, 상냥한, 우아한, 교양 있는, 정신적인, 재치 있는, 용기 있는, 용감한'이라는 의미가 있다. 현명한 사람은 이성만 가지고 사고하는 것이 아니라 가슴으로 사고하는 사람이다. 자기에게 나타난 기회를 과감하게 포착한다. 그리고 중요하다고 하는 많은 사조思潮 안에 감추어져 있는 미세한 차이를 간파한다. 현명은 아는 것을 현실에 타당한 행위로 옮기는 실천적 이성을 말한다. 그러므로 지금 이 순간 무엇이 옳은 것인지 인식하지 못할 때는 많이 안다는 것도 별로 도움이 못 된다. 현명 천사가 그대로 하여금 계속 나아가야 할 길, 더 숭고한 자유와 원대함과 사랑으로 나아가는 길을 매 순간 인식할 수 있게 하기를.

47

경외 천사

경외(Ehrfurcht)는 존경(Ehre)과 외포(Furcht)의 합성어다. 여기서 외포란 사람이나 위험한 상황에 대한 공포가 아니라 주제넘지 않고 합당한 거리를 유지함이다. 경외의 감정은 종교적 영역에 뿌리를 두고 있다. "옛 생활 체험에서 온갖 존귀와 권력과 영광을 에워싸고 있던, 감히 접근할 수 없는 거룩한 것에 대해 가지는 느낌이다"(과르디니). 경외의 마음을 지닌 사람은 자기가 경탄한 것을 소유하려 들지 않는다. 오히려 수줍게 뒤로 물러선다. 인간에게, 피조물에게, 그리고 경탄을 불러일으킨 대상에게 합당한 경의를 표한다. 성가시게 조르며 비밀을 캐내려 하지 않는다. 그 비밀을 그대로 둔다. 과르디니Romano Guardini는 모든 진정한 문화는 인간이 뒤로 물러섬으로써, 그가 다룬 인물에 그 존엄을 부여하고, 작품에 대해 그 아름다움을 그대로 둠으로써 시작될 수 있다고 말한다. 진정한 문화는 경외를 필요로 한다. 천사들은 모든 신앙의 형태 안에서 인간에게 경외의 감정을 전달한다. 인간에게 어떤 피안의 것이, 즉 무조건 그에게 달려들어 그를 정복하고 마는, 그는 깜짝 놀라 뒤로 물러설 수밖에 없는 그 무엇이 그의 삶 속에 들어섰다는 것을 보여 준다.

경외 속에서는 어떤 사람에 대한 온갖 새로운 것을 알게 되기를, 가장 은밀한 영역조차 파헤치기를 삼간다. 베네딕도 성인에게 인간에 대한 경외란 결국 다른 사람 안에 있는 훌륭한 씨앗을 믿는 것, 다른 사람 안에서 신성한 불티를 보는 것, 곧 다른 사람 안에서 그리스도 자체를 보는 것을 의미한다. 나는 다른 사람을 그의 결함과 약점으로 규정해 버리지 않고 더 깊이 바라본다. 그러면 그에게서 때때로 나타나는 별로 경건치 못한 외관 뒤에 감추어져 있는, 그의 본원적인 갈망을 인식할 수 있다. 사람들은 모두 자기 가슴 밑바닥에 선하게 살고자 하는 갈망을 가지고 있다. 나는 악을 부인하지는 않는다. 사람들이 그렇게 행동하는 것을 보아 왔다. 그러나 나는 그 사람들을 단죄하지 않는다. 그리고 악의 배경 뒤에 감추어진 것을 들여다보려 한다. 그때 어느 누구도 재미로 악을 행하는 것이 아님을, 뮌헨의 정신의학자 괴레스 Albert Görres가 언젠가 말했듯이 으레 절망으로 인해 악을 행하게 됨을 깨닫게 된다.

경외는 존경, 존중과 관계가 있다. 나는 사람을 그의 업적 때문이 아니라 그가 사람이기 때문에 존경한다. 사람은 자기가 존중받고 있음을 느끼면 새 기운이 난다. 자기의 신적 존엄을 새로이 발견한다. 나는 지금도 기억난다. 한 아르헨티나 친구가 내 아버지에 관해 "그분과 함께 있으면 존중받고 있음을 느낀다네" 하고 말했다. 그것은 타국 생활을 하던 그에게 자신이 단순히 외국인으로 규정되지 않고 인간으로서 존중받음을 느낀 중요한 체험이었다. 경외는 다른 사람이 지키고 싶어 하는 한계를, 그 사람의 사사로운 일을 존중한다. 선정적 욕구로 가득 차서 가장 개인적인 것까지도 널리 알리고 싶어 하는 오늘날이야말로 경외 천사가 필요할 것이다. 경외는 섬세한 배려와 보호, 상냥한 언행과 존중의 흐뭇한 분위기를 만들어 낸다. 그 안에서 우리는 진정으로 자신이 불가침의 존엄을 지닌 인간임을 느낀다.

경외는 위대함과도 관계가 있다. 사실 오늘날은 위대하다는 사람들을 진창 속으로 끌어내리려는 경향이 있다. 열등감을 가진 사람은 진정한 인간적 위대함이 존재한다는 것을 참아 낼 수 없다. 그래서 어떤 인간적 위대함도 없다고 증명하기 위해, 자기의 범속함이 정당하다고 밝히기 위해 사람의 약점들을 알아내야 한다. 경외하는 나는 위대함을 인정하며 기뻐한다. 그러면서 나 자신도 놀랄 만한 몫의 위대함을 얻는다. 경외는 위대한 사람 앞에서만 있는 것이 아니다. 평범한 소시민이나 저항할 능력이 없는 사람들과 상처받은 사람들 앞에서도 있을 수 있다. 경외는 고문당하는 자의 일그러진 얼굴에서도 번쩍 빛이 날 수 있는, 바로 그 신적 존엄을 인식하는 것이다. 저항할 능력이 없는 사람을 착취할 대로 착취하는 사람은 파렴치한 자다. 인간 존엄을 깎아내리는 자다. 경외는 인간을 고양한다. 인간에게 자유로이 자신의 존엄을 발견하고 다시 일어설 수 있는 공간을 준다.

오늘날 우리는 여러모로 경외 천사가 필요하다. 선정적 욕구와 냉소가 판을 치는 풍토를 인간 존엄에 대한 존중으로 변화시킬 수 있는 천사가 필요하다. 그런 경외 천사가 어떤 파티에 참석했다고 하자. 그러면 다른 사람에 대해 흉을 보며 수다를 떠는 일은 중단될 것이다. 존중의 분위기가 생성될 것이고, 그 안에서 사람들은 각자 자기 자신으로 존재할 수 있을 것이며, 모두가 존중받고 있음을 알게 될 것이다. 이번에는 경외 천사가 시의회의 토론에 문득 찾아들었다고 하자. 그러면 다른 당파의 대표자에게 가한 모욕적인 비난들이 갑자기 입을 다물 것이다. 말하자면 그들이 쓰고 있던 무례한 가면을 벗을 것이다. 경외 천사가 이번에는 어떤 공동체에 발을 들여놓았다고 하자. 그러면 호기심은 썰물처럼 빠져나와 각 개인의 비밀 속으로 스며들 것이다. 그러면 우리는 다른 사람을 고치려고 끊임없이 시도하지 않아도 될 것이다. 비로소 그를 인격적인 존재로 인지하고, 있는 그대로 존중할 것이다. 그런 경외와 존중의 분위기 안에서 비로소 그는 자기의 자존심을 포기하는 일 없이 자신을 고칠 수 있다. 자기 존엄성을 알았기 때문에 그는 자기를 고칠 수 있고, 자기의 신적 존엄에 상응하는 형태로 더욱 성장할 수 있다.

그대가 많은 경외 천사들 옆에 살 수 있게 되기를. 그러면 그대 내면에 있는 심오한 신비에 대한 직감력이 그대 안에서 자라날 것이다. 인간으로서의 삶이 무엇을 의미하는지 경험할 것이며, 그대의 인간적인 실존에 대해 기뻐하게 될 것이다. 나아가 그대 자신이 다른 사람을 위해 경외 천사가 되어 줄 수 있기를. 그리하여 그대에게 가장 가까이 있는 사람들을 그 천사의 눈으로 보는 것을 배우기를. 그러면 그대는 다른 사람들에게 그들이 온전히 그들 자신으로 존재할 수 있는 공간을 열어 줄 것이다.

48

이해 천사

      심리학은 정신적으로 고민하는 사람에 대해 그가 늘 말하고자 하는 것을 평가하거나 판단하거나 함부로 비난하는 일 없이, 다만 그를 이해함으로써 치유하려 한다. 어떤 사람이 자신이 이해받고 있음을 느끼면, 자기 안에 있는 모든 것을 털어 놓을 수 있다. 이제는 무엇인가를 숨겨야 할 어떤 두려움도 없다. 이 사람 곁에서는 모든 것이 잘 지켜지리라고 느끼는 것이다. 그는 나를 이해하고 있으므로 내가 나 자신을 더욱 잘 이해하게 할 수도 있을 것이다. 나를 판단하거나 심지어 정면으로 거부하는 일 없이 나를 이해해 주는 사람은 내게 어떤 치유적이고 해방적인 영향을 끼친다. 결국 나는 언젠가, 이미 오랫동안 나를 억누르고 있었던 것, 나의 도덕적 관념에 상응하지 않기 때문에 부끄러워서 언제나 억제해 왔던 것을 말할 수 있을 것이다. 내가 그렇게 다른 사람 앞에 솔직하게 털어놓는 동안 그것은 독성毒性을 잃을 것이다. 그때 나에게는 마음을 언짢게 하는 것이나 표현하기 어려운 것들을 은폐하는 데 쓰였던 모든 에너지가 더 이상 필요 없게 된다. 그것은 은신처로부터 세상 밖으로 나왔고, 그래서 변할 수 있게 된 것이다.

'페어슈테엔'verstehen(이해하다)이라는 말은 '슈테엔'stehen(서 있다)에서 나왔다. '페어'ver라는 전철은 라틴어 '프로'pro(을 위하여), '프라이'prae(앞에), '페르'per(를 통하여)와 동류다. 나를 이해하는 사람은 내 앞에 서서 다른 사람들이 나에게 던지는 투사로부터 나를 지켜 준다. 내 앞에 자기를 세워 놓는다. 내가 그의 뒤에서 나를 돕는 길을 배울 수 있도록. 내 편에 선다. 내가 나 자신의 편을 들 수 있도록. 나를 도와준다. 내가 나 자신을 더 잘 돕고 더 나은 상태에 이를 수 있도록. 그리고 그는 나의 문제점들을 견디어 낸다. 내가 흔들리고 있다는 소식을 들을 때도 쉽게 동요하지 않는다. 나도 내 상황을 견디어 냄으로써 내 삶을 관철할 수 있도록, 인내력을 보여 줄 수 있도록. 이해 천사가 나를 찾아온다면 나는 더 잘 서 있는 법을, 내 입장을 찾아내고 나를 보증하며 나를 도울 수 있는 길을 배울 것이다. 그러면 나는 점차로 인내력을 얻게 될 것이고, 이제는 내게 무슨 문제가 있는지 모른다고 해서 이리저리 흔들리는 일은 없을 것이다. 나는 나 자신을 도울 수 있다. 어떤 다른 이가 나를 이해하고 있고, 내가 내 삶을 관철할 수 있도록 그의 이해로 나를 도와주고 있기 때문에.

우리는 어떤 두 친구를 두고 그들은 서로를 아주 잘 이해할 것이라는 말들을 한다. 나는 그가 나를 이해하고 있는 그런 친구만이 아니라, 그와 더불어 내가 나를 이해하고 있는 그런 친구도 동경한다. 서로를 깊이 이해하는 사람들에게는 오해란 없다. 그들은 견고한 기반 위에 함께 서서 정성껏 서로를 지탱하고 있다. 그러면서도 각자 자기 입장을 유지하고 있다. 그가 나를 모범으로 삼아야 하는 것은 아니다. 그는 그 나름대로 존재할 권리가 있다. 자기가 느끼는 대로 행동할 수 있으며, 자기 입장을 나의 입장에 준할 필요가 없다. 서로 이해함은 어느 누구도 다른 사람을 자기를 위해 이용하지 않으며, 두 사람이 적절하게 마주 보고 서 있음을, 호의적인 관계 속에 서로를 지탱함을 말한다. 그것은 각자가 자기 자신에게 정직하게 서 있을 때만 성취될 수 있다. 내가 나 자신을 이해할 때만, 내가 충분한 자기 인식에 도달할 때만 그 친구와 정직한 의견의 일치를 볼 수 있다. 다른 사람이 내 곁에 있을 때만 내가 서 있을 수 있다면 나는 그 사람에게 매인다. 그것은 나의 존엄을 거스르는 일이다. 나 자신을 이해하기 위해서는 이해 천사의 도움이 필요하다. 그는 나 자신보다 나를 더 잘 이해한다. 내 안에 감추어져 있거나 내가 보고 싶어 하지 않는 내 안에 있는 사실들을 본다. 나를 평가하는 일 없이 그것들을 보는 것이다. 그러고는 이해한다. 그것은 나로 하여금 있는 그대로의 나를 보고, 나를 이해하며, 내 안에 돌연히 모습을 드러내는 모든 것들 편에 서는 일을 가능하게 한다.

이해는 치유한다. 어떤 영적 상담 중에도 상대방이 이해받고 있음을 느끼면 나는 언제나 기분이 좋다. 그러면 문득 어떤 친근함과 친밀함이 생겨난다. 그러면 상대방은 다시 일어설 수 있다. 그의 마음이 넓어진다. 자신이 이해받고 있음을 느꼈기 때문에 새로운 상태를 얻게 된 것이다. 다시 숨을 쉴 수 있다. 자기가 충분히 행복하지는 못할 것이라는, 있는 그대로 존재할 수는 없을 것이라는 등의 온갖 근심이 사라진다. 그는 다시 자기 두 발을 디딜 땅바닥을, 견고한 삶의 토대를 감지한 것이다. 그러니 그대도 새로운 인내력을 선사할 많은 이해 천사들을 만날 수 있기를. 그리고 그대가 다른 사람에게도 그런 이해 천사가 되어 줄 수 있기를. 다른 사람이 그대에게 이런 말을 할 때, 그대 자신이 얼마나 흐뭇한지 체험하게 될 것이다. "나는 당신에게서 내가 이해받고 있다고 느껴요. 나는 기꺼이 당신 곁에 서 있겠어요. 당신 옆에서는 잘 살아갈 수 있어요. 당신이 내 앞에 나서 있으니까요. 그러면 다른 사람들이 나를 함부로 비난하지 않을 것이고, 그러면 어떤 자기 비난도 야기될 수 없어요. 당신 가까이에서는 내가 나 자신을 잘 도울 수 있어요."

49

어둠 천사

내가 그대에게 어둠 천사를 바라는 것은, 그대 주위나 그대의 내면이 어두워지기를 원해서가 아니다. 오히려 천사가 어둠 속에 있는 그대를 찾아와 동반해 주기를 비는 것이다. 우리가 원하든 원하지 않든 때로는 어둠이 우리를 덮친다. 때로는 우리의 내면이 어두워지기도 한다. 갑자기 기분이 우울해지는데 우리는 종종 이 침울한 느낌이 어디서 오는지 알지 못한다. 미래를 생각하다 보면 다가서는 건 어둠뿐이고 그것이 얼마나 계속될지도 모른다. 우리의 우정이나 결혼 생활을 관찰해 보면 마치 우리를 가로막는 어두운 구름 앞에 서 있다는 느낌이 든다. 모든 것이 위협적이다. 더 이상 어둠 속에서 빠져나오지 못할 것이라는 두려움이 있다. 지금까지는 그대의 길을 비추는 빛이던 믿음도 어두워질 수 있고, 하느님이 그대 마음의 암흑 뒤에 몸을 숨기실 수도 있다.

    많은 사람들이 오늘날 우울에 시달리고 있다. 울적함 속에서는 모든 것이 어둡다. 지금까지 기쁨을 주던 모든 것이 빠져나간다. 더 이상 밖으로 빠져나갈 수 없는 캄캄한 구덩이 안에 앉아 있다는 인상이 든다. 그런 구덩이 속에서는 자기 자신을 감지할 수 없다. 모든 것이 무감각하고 무의미하며 음울한 것이 되고 만다. 그곳에는 인간적인 사랑의 빛이 더 이상 미치지 않는다. 어떤 좋은 의미의 말도 비켜 지나간다. 사랑의 말들이 김빠진 언어가 되고 만다. 나에게 어떤 조언을 주고자 했던 말들이 아무 효과 없이 멎어 버린다. 내가 그 말들을 듣긴 했지만 이해하지 못한다. 그러니 그것들은 내게 아무 말도 하지 못한 것이다. 도대체 그 말들이 내 마음에 닿질 못했으니. 많은 이들이 어떤 다른 사람을 그의 어두운 구덩이에서 구해 내고 싶어 하면서도 그 어떤 것도 실현할 수 없을 때, 자신들의 무력함을 경험한다. 그런 경우 천사가 찾아와야 한다. 그 암흑 속에 내려와 자기 밤 속에 갇힌 사람에게 손을 내밀어 줄 천사가. 천사는 어둠에 대해 아무 두려움도 없다. 그는 어두운 심연 속으로 떨어지지 않고 견고하게 지탱될 것을 믿고 있다. 거기 아래 앉아 있는 사람들 옆에 함께 있기 위해서, 그 어두운 구덩이 아래로 내려가는 데는 용기가 필요하다.

    어둠 천사는 또한 밤 천사다. 꿈속에서 말을 거는 천사다. "밤 천사와 얘기하고 싶어라, 내 눈을 알아보거나 말거나"라고 릴케는 읊었다. 우리가 결코 그 이상의 것을 알지 못할 때, 어떤 다른 이의 말이 우리에게 미치지 못할 때, 종종 그와 같은 꿈이 하나의 방향 전환을 유발할 수 있다. 갑자기 우리의 정신이 다시 맑아지는 것이다. 나는 성폭행을 당한 한 젊은 여인과 영적 상담을 나눈 적이 있었는데, 내가 해 주는 모든 말이 그녀에게는 거의 와닿지 않는 말이 되고 있었다. 나는 그녀의 괴로움과 고통에 귀를 기울이고 그녀의 눈물을 지켜보는 수밖에 달리 방도가 없었다. 그럴 즈음 그녀는 한 어린아이가 거인의 코 주위를 돌면서 춤을 추는 꿈을 꾸었다. 그러자 갑자기 그녀 안에 있는 모든 것이 달라졌다. 처음으로 그녀는 새 희망을 품었다. 처음으로 그녀는 다시 살아 있다는 걸 느꼈고, 새로이 삶에 대한 기쁨을 얻었다. 나의 온갖 말들이 이루지 못했던 것을 밤 천사가 꿈을 통하여 실현한 것이다. 성서에서도 하느님이 종종 당신 천사를 보내어 꿈을 통해 사람들에게 지시를 내리고 새로운 길을 제시해 주신다. 당신이 함께 계시며, 그들의 삶이 성공하리라는 확신을 선사하도록 하신다. 구조의 가망도 없이 깊은 구덩이 속에 빠져 앉아 있던 요셉은 꿈을 통해서 자기의 삶이 잘 이루어지리라는 확신을 얻었다. 그 꿈은 그가 있던 구덩이의 암흑 속에 빛을 가져다주었다. 그는 포기하지 않았다. 천사가 꿈속에서 알려 준 약속을 꼭 붙들고 놓지 않았다. 밤 천사가 그대를 찾아와 꿈속에서 바로 다음에 내디딜 걸음을 보여 주기를. 어둠 속에서 빠져나와 자유와 사랑의 길로 나아갈 걸음을.

50

고요 천사

천사는 민감한 존재다. 붙들어 놓을 수 없다. 예기치 않은 때 찾아온다. 천사를 만날 수 있기 위해서는 마음을 열어 놓고 있어야 한다. 천사는 나직한 발걸음으로 다가온다. 천사를 알아보기 위해서는 대단한 고요함이 필요하다. 그리고 바로 그런 침묵의 기술로, 고요한 치유의 분위기로 그대를 이끌고자 하는 천사가 있다. 시끄러운 우리의 세상에서 내적으로 평온을 되찾기 위해서는 대단한 고요함이 필요하다. 키르케고르Søren Kierkegaard는 자기가 의사라면 이렇게 충고하겠다고 했다. "침묵을 실행하시오!" 타고르Rabindranath Tagore는 이렇게 말했다. "그대의 영혼을 침묵에 흠뻑 젖게 하시오." 고요는 세상의 소음으로 꽉 메워져 더 이상 숨을 쉴 수 없는 우리 영혼들을 위한 약이다. 사방에서 들이닥친 요란스러운 사상과 형상들이 영혼을 점유한 까닭이다.

모든 위대한 것이 사람 안에서 탄생되기 위해서는 고요가 필요하다. "침묵 속에서만 진정한 인식은 완성된다"라고 과르디니는 말한다. 초기 교회의 수도자 요한 클리마쿠스Ioannes Climacus는 말한다. "침묵은 지혜의 열매인 고로, 모든 사물에 대한 인식을 소유하고 있다." 침묵은 어떤 사람이 우리에게 말을 건넬 때 그 중간음을 정확하게 귀 기울여 들을 수 있도록 우리 마음을 준비시킨다. 침묵은 우리 가슴속에 있는 하느님의 음성을 감지하기 위한 전제다. 오늘날 많은 이들이 자기는 하느님을 체험하지 못했다고, 하느님은 자기에게 낯선 존재가 되어 버렸다고 한탄한다. 그러나 실상 그들은 가득한 소음으로 인해 마음속에서 아주 나지막한 자극으로 말씀하시는 하느님의 소리를 놓친 것이다. 우리는 언제나 무엇인가와 관계를 맺고 있다. 아주 여린 자극이 우리 내면에 불쑥 모습을 드러내자마자 우리는 어느새 이미 그것을 옆으로 밀쳐 내고, 잡을 수 있는 분명한 것 쪽으로 몸을 돌린다. 그래서 우리는 하느님의 음성을 들을 수 없게 된 것이다.

'고요'(Stille)라는 말은 '그치게 하다, 진정시키다, 조용하게 하다'라는 말들에서 유래한다. 어머니는 배고픈 아이에게 젖을 먹여 울음을 그치게 한다. 고요 천사는 우리의 시끄러운 생각들과 요란스러운 소망과 욕구들을 침묵시키고자 한다. 그럼으로써 우리가 우리 안에서 고요의 공간을 발견하도록. 신비주의자들은 우리 각자 안에 사상과 감정, 소망과 욕구들이 한 발짝도 들어설 수 없는 고요의 공간이 있음을 확신한다. 그것은 또한 자기 기대와 요구로, 판단과 비난으로 밀고 들어갈 수 없는 공간이기도 하다. 그것은 바로 내가 온전히 나 자신으로 존재할 수 있는 내면의 공간, 내 안에 하느님 자신이 거처하시는 침묵의 공간이다. 그곳에서 나는 진정으로 자유롭다. 그곳에서는 아무도 나를 마음대로 지배하지 못하며, 어느 누구도 나에게 상처를 줄 수 없다. 그곳에서 나는 온전하고 완전하게 있다. 자리에 앉아서 명상에 잠기는 일은 내게 아주 일상적인 욕구다. 명상 중에 나는 나의 숨과, 그 숨과 함께 연상된 말이 그러한 내적 고요의 공간 속으로 나를 어떻게 이끌어 가는지 마음속으로 떠올린다. 그곳은 오늘 나를 찾아온 방문객들은 한 발짝도 들어설 수 없는 곳이다. 그리고 아무도 자기의 소원이나 판단과 비난들로 나를 붙잡아 둘 수 없는 곳이다. 그곳은 내가 자유롭게 숨을 쉴 수 있는 곳이며, 내가 나의 하느님과 단둘이만 머무는 장소다. 바로 그것이 내 삶에 존엄을 만들어 내는 요소다. 그러한 내면의 고요의 공간 안에서 나는 나의 진정한 자신과 접촉하게 되는 것이다. 그 고요함이 라삐 수스야Sussja의 잔소리 많은 부인을 변화시켰듯이 나를 변화시키는 것이다. "그 순간부터 그녀는 조용해졌다. 조용하게 되자 기뻐하게 되었으며, 기뻐하게 되자 그녀는 행복해졌다."

바로 그대가 다른 사람들과 다양한 관계를 맺게 될 때, 많은 이들이 그대로부터 무엇인가를 원할 때, 그대가 그들과 긴밀한 대화를 나누게 될 때, 그대가 일상적으로 듣는 많은 말들을 그대 안에 침묵시킬 고요 천사가 필요하다. 침묵 속에서 그대는 다시 편안하게 숨을 내쉴 수 있을 것이다. 그 속에서 다른 이들이 그대에게 맡긴 모든 것을 훌훌 털어 버릴 수 있을 것이다. 고요 천사는 그대를 다른 사람은 들어올 수 없는, 그러나 그들을 위해 그대가 머무르는 내면의 공간으로 이끌고자 한다. 그러한 내면의 고요의 공간과 접촉할 때만 그대는 두려움 없이 다른 사람과 관계를 맺을 수 있다. 그러면 다른 사람의 문제들이 자신에게 영향을 미쳐 과중한 부담이 될세라, 대화 중에 종종 덤으로 얻게 된 욕설이 내면 자체를 더럽힐세라 두려워할 필요가 없다.

다른 사람들이 그대에게 털어놓고자 했던 온갖 이야기들로부터 그대가 건드려지지 않은 채 남아 있는 영역이 있어야 한다. 그러한 내면의 고요의 공간에서 그대는 온전하고 완전하게 머물러 있을 수 있다. 고요 천사는 그대를 동반하며 그대 내면에 이러한 고요의 공간이 틀림없이 있다는 것을 거듭 상기시키고자 한다. 그대가 그 공간을 만들어 낼 수 있는 것은 아니다. 다만 그대 안에 존재하면서 그대를 온전하게 치유할 힘을 가진 그 고요와 접촉하는 것이 필요할 뿐이다. 바로 거기 침묵의 공간 안에서 그대는 편히 쉴 수 있다. 그곳에서 그대는 건강하고 완전한 존재가 된다. 그곳은 세상의 소음에 의해 탁해질 수 없는 그대 내면의 순수하고 맑은 그 무엇이다.

| 참고 문헌 |

Erhard Domay, *Dein heiliger Engel sei mit mir. Gedanken und Bilder von den Wegen Gottes in unserer Welt*, Lahr 1991.

Helmut Hark, *Mit den Engeln gehen. Die Botschaft unserer spirituellen Begleiter*, München 1993.

Herbert Vorgrimler, *Wiederkehr der Engel? Ein altes Thema neu durchdacht*, Kevelaer 1991.

Jutta Ströter-Bender, *Engel. Ihre Stimme, ihr Duft, ihr Gewand und ihr Tanz*, Stuttgart 1988.

Otto Friedrich Bollnow, *Wesen und Wandel der Tugenden*, Berlin 1965.